子どもに聞くいじめ

フリースクールからの発信

奥地圭子◎編著

東京シューレ出版

はじめに

奥地 圭子

二〇〇六年秋、いじめ・いじめ自殺の問題が相次いで報道され、様々な立場の大人たちが発言し、動き、対策を打ち出しました。安倍首相も国の威信をかけて教育改革を掲げ「教育再生会議」を誕生させましたが、そこでの重要な案件のひとつとして、いじめの問題があげられていました。

マスコミはこぞっていろいろな人を登場させ、特別番組を組みキャンペーンを張ってきたし、学校、教育委員会、ＰＴＡ、地域などが、いじめ相談、いじめ調査、いじめ予防など、どこもかしこも取り組みを強め大騒ぎでした。文部科学省も本書で紹介するように、いろいろな施策を講じ、いじめ自殺予告の手紙に対しては、異例の文部科学大臣コメントが、全マスコミを通じて流されました。

さて、今回の社会的な関心の口火となった、九月の北海道滝川市のいじめ自殺報道から一年近くたった今、いじめ・いじめ自殺は、根本的解決をみたのでしょうか。最近は、あまりマスコミも取り上げないので、いじめ・いじめ自殺問題は少なくなってきたのだという人がいますが、そうでしょうか。この間、子どもが何人も生命《いのち》を捨て、大人の教育関係者も自死する人が出ました。生命がけで訴えられたものは解決したのでしょうか。

私たちには、解決したとは思えないのです。

私たちは、一九八五年、登校拒否の子どもたちが激増するさなか、学校以外の居場所・学び場を草の根の力で生み出し、公的支援が全くないにもかかわらず、二二年にわたって、主として不登校の子どもの成長支援を行ってきました。わが国の登校拒否・不登校は、一九七五年より二七年間増え続け、最近の四年間は微減したとはいえ、義務教育期間である小・中学生の不登校の子どもは一二万人を超え続けています（文科省学校基本調査による）。それを背景に、フリースクール・フリースペースなど学校以外の居場所が増え、二〇〇〇年の世界フリースクール大会日本開催を機に、二〇〇一年「フリースクール全国ネットワーク」もＮＰＯ法人として誕生しました。そして、交流合宿やカルチャーフェスティバル、スポーツ大会などを行いながら、つながりあい、不登校の子どもたちの学ぶ権利、育つ権利をまだ不十分ながらも保障する活動をすすめてきました。

フリースクールに入ってくる不登校の子どものうち、もっとも多い不登校の原因は「いじめ」です。つまり、学校で楽しく過ごしたかったのに、いじめを受け、ついに登校不能となり、家にいるしかなかったり、登校させようといろいろなところに引っ張りまわされた結果、フリースクールなら通いたいと思った子どもたちです。それまでに自殺を考えた子どももかなりいます。

いじめ・いじめ自殺の問題をどうにかしたいと考えるならば、最低限、それら当事者の子ども本人の声をよく聞き、そこから考えることが欠かせません。大人が勝手に「こうする必要がある」「こうさせればよい」と考え、手を打つ「良かれと思うこと」は、子どもから見て、ずれてしまうことが多いものです。

子どもたちは、今回のいじめ関連のマスコミ報道を見ながら、または取材を受けながら「何か違う」「これでは解決にならない」「実際経験してみれば、こんなことは言えないと思う」などと言い合っていました。文科大臣に自殺予告の手紙が出された時には「これは、いたずらだ」というコメントに怒っていた子もいますし、大臣の「勇気をもって誰かに話そう」というコメントにも「話せないから自殺するんじゃない。こんなことしかやってくれないから、死ぬしかないんだ」とがっかりしていました。子どもの声を聞かない限り、有効な解決も、子どもが楽になることもないと思いました。私たちはまず、いじめられるとはどういうことなのか、当事者の経験や気持ちを知ってほしいと思いました。そこで、子どもの声を届けることを目的にこの本が出版されることになったわけです。

この本はまず、いじめられて不登校になった七人の子どもから編者が聞き書きし、それを本人とその親に確認し仮名で掲載しました。また、いじめられて不登校になった二人の若者も手記を寄せてくれました。この人たちの生の体験を読んでいただき、ジャーナリストの江川紹子さんから原稿を寄せていただきました。そして文科省のインタビューを収録、最後にいじめ・いじめ自殺をどうとらえ、どう考えるか、不登校、フリースクールに長年関わってきた編者が執筆いたしました。

子どもの声を軸とするこの本が、いじめ・いじめ自殺を考える方々へ一石を投じ、子どもの声から学んだ対策と対応が行われていくよう心から期待しています。

もくじ

パート4 フリースクールからの主張 159

奥地圭子

装丁◎芳賀のどか

パート
1
子どもに聞くいじめ

もっと私たちの声を聞いて！　7人の体験

「吉城さんのイヤなところ、やめてほしいところを言いましょう」

吉城ひとみさんの話

ひとみさんの悲劇は小学校に入学した時、隣の席になった男の子がいじめてくることから始まっている。

一学年二クラス、一クラス三四人の公立小学校。入学式の写真を見ると苗字の順に並ばされている。教室もまた、苗字の順に席が決められていた。よくある風景ともいえるだろうが、どんな子が隣に座るのかということは、学校生活の幸・不幸を決めるほど大きいことともいえるのである。

学校生活が始まってまもなく、ひとみさんの物がなくなるようになった。ティッシュのケースを机の上に置いていたのに、席に戻るとない。あれ、と思って、ポケットを探したり、机の中をのぞいたり、ランドセルを調べてもない。おかしいなと思ったまま、次の授業が始まる。帰宅の時間になっても見つからず、家に帰って探してみる。変だなあ、思い違いかなと考えているうちに眠ってしまう。

次の日、今度は道具箱に入れておいた物がなくなる。同じように探しておかしいな、と思う。それが二、三回続くと、さすがに隣の子に聞いてみたくなる。

「私のハサミ、知らない？」

「知らないよ」

あまりにも続くので、先生に伝え、母親にも言った。母親は「ひとみは、学校のこと何でも言ってくれるから安心できた」とよく言っていた。たぶん母親が先生に電話してくれたのかもしれない。後日、その男の子と自分が、放課後に残されて、先生が入って話し合いをしたのは覚えている。

でも、しばらくするとまたそれが始まった。ただその頃は女の子の親友がいて遊んだり、おしゃべりをしたりして、そのことが楽しくて学校が苦痛とは思わなかった。

小学二年になった。同じクラス、同じ担任である。

隣りにいた男の子とは席が離れたが、同じクラスであることには変わらない。物がなくなることは収まったが、見ると追いかけられるということがたびたび起こるようになった。

そのことは、学校の外でも起こった。

買い物に行くため歩いていると、反対側の道路に、たまたまその子がいた。そして、ひとみさんを見かけるなり「あっ、吉城だ」と言って追いかけてきた。必死で逃げた。隠れながら逃げた。自宅より近い所に友だちの家があった。自宅までの間につかまると感じ、必死でその友だちの家のチャイムを鳴らした。

玄関の中にサッと入り、友だちの母親に「今、男の子に追いかけられているので助けてください」と頼んだ。おばさんは気持ちよく「いいわよ、上がんなさい」と中に入れてくれ、おやつまで出してくれた。

それから、学校帰りにも、学校が休みの日にも追いかけられた。一年のうちに何度も起こった。そのたびに、逃げ込ませてもらう家が何軒かあって助かった。でも、今日は大丈夫か、今はいないかと、何もなくても気にしないではいられなくなっていた。

学校では廊下で会ってしまうと、追いかけられた。なるべく、出合わないように、サッと教室を出たり、時間をおいてから出たりした。いるのか、いないのか、気にして行動するのがイヤだった。つかまえられそうになるとその子から暴言を吐かれた。

三年生になり、クラスも先生も替わった。その男の子と離れるかと思ったら、再び同じクラスになっていて、がっかりした。そして、ずっと親友で仲良しだった子とは離れてしまい、一、二年生より、さらにつらい状況になった。

いじめる男の子は新しいクラスで、仲のいい子を見つけて、二人で行動するようになった。すると、今度は二人でいじめるようになった。

特にいやだったのは、朝礼の時間だった。

身長の順に整列していたので、その男の子は一番前、ひとみさんは二番目に並ぶことが決まっていた。詰めて並んでいるのですぐそばである。そこで振り向きざまに激しい暴言をあびせられた。

「バカ」「死ね」「ブス」「キモチワリィ」

近くの子は聞こえているのに、知らない顔をするか、笑っているだけで止めてくれない。そのうちに先生たちが来て朝礼が始まる。そのようなことが繰り返された。

三年生では忘れられない出来事があった。

ある日、その男の子が「ポケモンカードくれたら、もういじめない」と朝礼の時に言ってきたのだ。

ポケモンカードをあげればいじめが止まるなら、そのほうがいいと思った。本当に信じていたわけでもないが、ちょっとでも止むならいいと思い、そっちに気持ちが傾いた。

先生には言えなかったが、別のクラスになってしまった親友には話した。

女の子とは学校の前で待ち合わせしていたが、「行っちゃだめだよ。変わらないと思うよ」と携帯に電話をくれた。しかし、せっかく止めてくれたのに「大丈夫だよ。行ってくるね」と言って男の子と会った。その子といっしょにお店へ行き、「これがいい」というポケモンカードを買ってあげた。一パック三〇〇円だったが、三パックも買ってあげた。「これで、いじめないでしょ」と心のなかでつぶやいた。

その子は、その場でカードの袋を開き「すごい、ありがとう」と言った。

しかし次の日も態度は一向に変わらず、「バカ」「死ね」は続いた。「なんでなの」と心のなかで思ったが、言えなかった。校庭で砂をかけられたり、ふいに近づいて、蹴られたこともあった。ポケモンカードを渡せばいじめがなくなる、と少しでも信じた自分がバカだった。そんなわけはなかったのだ。

この事件は、親友がまずその子の母親に話した。その母親が、ひとみさんの母親に話し、知れるところとなった。ひとみさんの母親は学校と話し合い、その夜、いじめっ子の母親から家に電話がかかってきた。母親が話してからひとみさんに代わった。電話に出ると、相手の母親は泣きながら「ごめんなさい、ゴメンナサイ」と詫びてきた。

そして、いじめていた男の子に代わり、その子も泣きながら「ゴメン、ゴメン、ぼく悪かった」とあやまってくれた。いじめられてつらかったのに、あまりにも電話で泣いているので「いいよ、いいよ。気にしないでいいよ」と答えている。そこがひとみさんのやさしさだろう。

ひとみさんはしばらく後で「あの子は、さびしかったんじゃないか」と思ったそうだ。

しかし、そんなことがあってもいじめは収まらなかった。それどころか拡大し、四年生になる頃には二人グループが三人になり、三人からいじめられるようになってしまった。そして、いつのまにかクラス中に広がり、みんながひとみさんを無視するようになっていた。

一日一日をやっとの思いで過ごした。

その時、ひとみさん以外にもう一人いじめられている子がいた。その男の子はすぐ泣くので「泣き虫」と呼ばれていた。三年生の頃から、男の子たちが「泣き虫、ナキムシ」とはやしたて、いじめられてその子が泣くと、より一層「ナキムシ」とはやしたてていた。

四年生になって、その男の子が時々休んでいることにひとみさんは気づいたが、自分は「休みたい」と親に話せなかった。

その頃、親は学校と話し合っていたが、学校へ行かなきゃダメという考え方だった。「休みたい」と勇気を出して言ったとしても、わかってもらえる雰囲気ではなく、言葉にできなかった。

親とのことでひとみさんは忘れられない情景がある。四年生の時、すでにいじめがつらく、学校に行きづらくなっていたひとみさんは、朝「休みたい」とポロッともらした。

怒った母親は、ひとみさんを引きずるようにして外へ出し、タクシーをつかまえた。タクシーに無理やり乗せられて、校門の前に着くと「行きなさい」と降ろされた。ひとみさんはタクシーを降りるなり門を一歩入ったところで、ランドセルを放り出し、走って家まで帰ったのだった。戻る時、振り返ったり隠れたりしながらやっと家に到着し、中に入った。そこへ電話が鳴り、受話器をとると母親からで、すごいけんまくで怒っていた。

「ランドセルがそのままだから、自分で取ってきなさい！」

怖くて、仕方なく、また逃げ帰った道を学校までトボトボ歩いて行った。

通学路からすぐ、学校の黒い門がある。学校には門が三つあって、通学路によってどの門と決まっている。先ほどタクシーを降ろされた門に近づくと、幸い誰もいなかった。ランドセルは門の中の草の上にころがっていた。投げたままのそれを拾おうとすると、低学年の子どもたちがやってきた。

門を入ると、校舎のほうへ下がる石段がある。その石段を、一年生か二年生が、下校時間らしく上ってくるのだ。恥ずかしい――。きっと、その下級生から見て「あやしい人」だろうなとひとみさんは思った。こんなところでランドセルを拾っているんだから。この情景が脳裏に焼きついて離れない、と言う。

ランドセルを拾って帰宅したら母親が戻っていて、こっぴどく叱られた。

ただ、後で知ったことだが、母親はひとみさんが行きたくないのはわかっていて、転校先を探すなど親なりの解決への努力をしていたそうだ。

「休みたい」と言っただけでこんなに怒られて、もう何も考えられなくなり、子どもは学校へ行くしかないんだと、いじめられるのがわかっていても登校し続けた。義務教育だから子どもは学校へ行く義務があるんだと思っていたので、親が怒るのも仕方がないと感じていたし、学校へ行かねばならないと考えていた。

四年生には、オカリナ事件もあった。

学校は下校時に校庭を開放しているが、いつもは遊ぶ気になれないのでそのまま帰る。でも、その日はちょっとだけ遊んで帰ろうと思い、ランドセル置き場に行った。その時、音楽で使うオカリナを入れた袋を持っていた。それを目ざとく見つけたいじめっ子が「何だよ、見せろよ」とせまってきた。

「イヤだよ」と言ったのに「見せろ」と袋を引っ張られ、そばの非常階段の柱に当たり、袋の中のオカリナが粉々になってしまった。男の子は「フン」と言って逃げてしまった。

どうしよう、と思い、校庭開放のおじさんの元へ、ひとみさんは飛んで行って、今あったことを話した。ところがおじさんの態度はそっけなく「学校の時間じゃないし、そんなこと言われてもねぇ」と、取り合ってくれない。家に帰って母親に話すと、学校に電話をしてくれた。

「どういうことですか」と母。

「その子に謝らせます」と学校。

でも、その後のことははっきり覚えていない。

担任は、新しく赴任してきた女の先生だった。朝礼で紹介があった時、この人が担任だったらいいのになと思っていたその人が担任と発表されたので、うれしかった。でも、後になってよいわけではなかったことを思い知らされることになるのだが――。

新しい先生に替わってもいじめは続き、相変わらず無視され、何かの役に立候補したときも、ヤジをとばされ、まじめには受け取ってくれなかった。

二学期は休みが増えた。

先生は「今日の一日だけでいいから出てらっしゃい」と電話をしてきた。

「授業だけでいいから、あとは帰っていいんだから」と、先生の言うことにつき合わされて行くことになった。

そのように登校していたある日、今でも信じられないと思うほど、ひどい仕打ちを先生から受ける。

授業と思ったら、先生がいきなり「筆箱をしまってください」とみんなに言った。

「これから学級会を開きます。議題は吉城さんについてです」

そして机を学級会形式のコの字型にみんなが変え始めた。

えっ、なに？　何で急に学級会？　何で私が議題？　心臓がドキドキし始めた。

先生から何の相談も受けていないのに、何が始まるの？　頭がくらくらした。机の形が整い、みんなが静かになった時、続けて聞いた先生の言葉はものすごい衝撃だった。

「吉城さんのイヤなところ、やめてほしいところを言いましょう」

もう、頭はまっ白だった。

次々に手が上がりみんな「こういうところはイヤです」「こういうところは直したほうがいいです」と発言した。「給食の時、鼻をかまないでください。イヤです」などと言った子もいた。だって、風邪をひいて、鼻をかまないではいられなかったのに――。クラスの子の態度が信じられない思いがした。

ひとみさんからすると、その先生のことをみんなもイヤがっている、変だと思っているんじゃないかと感じていたから、どうして先生に取り入るように、次々と発言しているのか、理解できなかった。以前、この新しい先生についてクラスの子たちがひとみさんに、好きかどうかを聞いてきた時「イヤじゃないよ」と答えたことがあったのだが「お前、変だよ。あの先生がイヤじゃねえのは」と言われたことがあった。それに、みんなの先生への陰口も聞いていた。

でも、学級会は先生の思うように進んでいく。もう、泣けて、泣けて、泣きながらも、何を言われるのかを聞いた。しかし、クラスのなかで、信じられる子が二人だけいた。その二人は何も言わなかった。ちらっとその子たちを見ると、心配してくれているのが、表情からわかった。

「これで学級会を終わります」。四五分間の苦しい学級会が終わった。

何とか、身体を支えて座り続け、その後の授業にも、必死の思いで参加した。取り乱しているところを見せたくなかった一念だけで、何も頭に入らなかった。帰る時、ほかのクラスの仲良しだった子が「大丈夫？」と声をかけてくれたことは覚えている。

その声をかけてくれた子は、自分の母親に「ひとみさん、顔が真っ青だったんだよ、大丈夫かねぇ」と話し、その母親がひとみさんの母親に電話し、母親もことの重大さを知って、学校に電話した。

この日から冬休み明けまで全く登校しなかった。親も、もう行かそうとしなかった。三学期になり、一回だけ登校した。行かないといけないかなと思ったからだ。その日の帰る時間のことだった。

「今日はみなさん、吉城さんのいいところを書きましょう」

と、先生が紙を配り始めたのである。何か空々しく、信じられなかった。みんなの分を回収して最後に、先生も書いていた。

「気配りもできて、朗読もできて…」

そして、回収したものをハイ、と渡されたが、うれしくもなんともなかった。何だろうこの先生は、と思った。何を信じていいかわからない。みんなのことも信じられない。

放課後、先生に残された。

「学校のいいところ、家のいいところは何ですか。言うまで帰っちゃいけません」と言われた。どうしてそうさせるのかもわからなかった。だまっていると紙を渡され「提出するまで帰っちゃいけません」と先生はどこかに行ってしまった。何も書けなかった。いけませんと言われたが、でも帰ってしまった。それ以来、全く登校していない。

でも、家にじっと長くいたわけでもなかった。

一か月ほどたって東京シューレに見学に行ったからだ。母親が東京シューレのことを知っていて「明日、見学に行くからね」と誘われた。

見学期間中、祖母が亡くなった。かわいがってくれた祖母だったのでシューレに来ても泣いていた。泣く場所があるのがよかった。学校じゃ泣けない。泣いていいんだと思えたからシューレに行けたのだと思う。

東京シューレには様々な年齢の子どもがいて、最初は怖い気持ちもあったが、それがよかった。シューレに来て初めて人間関係が築くことができ、自分のエネルギーが爆発した。笑うようになった自分を発見した。たくさんのことを生き生きやっている今が幸せだ。

お菓子作りが好きなので、いろいろなケーキ店を回って研究したり、自分で作ったりしている。働いてお金を貯めたら、フランスでケーキ作りを勉強したいと思っている。

いじめられている人へ言いたいのは、自分なんてと思わず、自分だってと考えて生きていってほしいということ。周りの大人は、子どもはいのちそのものだ、ということを忘れないで考えてほしいし、子どもの声をよく聞いてほしい、とひとみさんは真剣に語ってくれた。

「ぼくはシューレを「保険」としてとっておきます」

山本弘くんの話

弘くんは、中学二年生の時、東京シューレにやってきた。首都圏といっても都心から二時間以上かかる田園地帯に自宅がある。

弘くんが初めて見学に来た五月末、面談した私（奥地）に珍しい言い方をしたので、私は笑いながら聞いたことを覚えている。

「東京シューレは、何かいいところですね。でもぼくは見学に来たからといってすぐ入会しないと思います。ぼくの『保険』としてとっておきます。保険が見つかってよかったです」

「うんうん、それでいいと思いますよ。つまり、もうちょっと学校にがんばってみたいということですね」と私。

「はい。やっぱりつらいといっても、学校は行かないといけないと思うので、もう少しやってみます」

初対面でこんな会話ができるほど、弘くんは人と話す力があった。いっしょに来ていた母親は、

「小学校はとても楽しく通っていたのに、中学になってから不登校気味となり、親としては無理に登校してもらいたいわけではないけれど、本人は休むとまた今日は行く、と言って出かけるんです。学校がつらいのなら、フリースクールもあるということを知っておけば、と思って弘に言いました。見るだけ、見ておこうかと、今日来ました」と話していた。

その見学の日から一か月たった六月に再びやってきた。

「ぼく、やはり保険を使うことにしました。これからはフリースクールでやっていきたいと思っています。両親とも、それがいいよとわかってくれ、通うにはあまりにも遠いからと、二日前に東京シューレのそばに引っ越してくれました。自

宅は、夏休みとか冬休みには戻ってそこで過ごすので、そのまま置いてあります。もっとも、父親も東京勤めなので、近くなって喜んでいます」

そうやって仲間入りした弘くん。「ぼくはいろいろな人と話すのが好きなんです」と、子どもともスタッフともしゃべりあっていた。

まだまだ不安そうな時もあったが、次第に表情も明るく、伸びやかになってきた。「何かシューレに来てやってみたいものはない？」と聞くと、「ちょっと恥ずかしいけれど三味線」と言ったので、私は「では、ミーティングに出してみたら」とすすめた。

七月中旬のミーティングで、議長の「何かやりたいものありますか」との問いに応えて、思い切って弘くんは挙手し、「三味線をやってみたいんですが、ほかの人もいますか」と発言した。私は、ギター、ドラムなどの洋楽器は希望者がけっこういるけれど、三味線はいないかもしれないなと思っていたが、なんと四、五人の子たちがやってみたいと手を上げたのだった。

東京シューレは、学びたいことを学べるように極力応援するところだ。一人だったら外部で習うところを探して紹介したりするが、四、五人もいるなら講座を開こうということになり、講師を探した。そして九月には三味線講座が始まった。全員ゼロからのスタートだったが、一年後の秋、フリースクール全国ネットワークが主催する「カムカムフェスティバル」で、仲間とともに三味線の演奏発表をした。弘くんはよく「やりたいと思ったことが本当に実現するってことを経験して、感動です」と言う。

ほかにも、自らの意思で、英語や漢字の授業に出席、料理やクリスマス会など、イベントにも積極的で、シューレ通信の副編集長も務め、毎月の発行を子どものの手で行っている。いろいろな集会でも、自分の不登校の体験を多くの人の前で堂々と語ってくれ「こんな素敵な子に育つなら不登校も捨てたものではないね」と集会参加者から言わしめた一人でもある。そんな姿を見ていると、とても彼がいじめに苦しんだと思えないのだが、実はつらいいじめを経験したのだった。

弘くんは「小学校の時は、このぼくの個性を、先生も友だちも、個性的でいいねと認めてくれていました。だからぼくは楽しく過ごせたのです」と話す。

でも、その同じ個性が、中学校では「変わり者扱い」されたのだ。

その公立中学校は一学年が九クラスもあるマンモス校で、小規模だった小学校と雰囲気も全く違い、先生もとても管理的だった。同じ小学校から来た子どもは一人もいなかったそうだ。入学してすぐ無視が始まった。学校は速いペースで学習が進められ、いつも緊張して次々やらされることがあり、みんなと同じようではないと変わり者扱いされた。いつも一人で給食を食べるようになり、グループ分けの時は、誰もいっしょになってくれない。でも、ともかく一生懸命まじめにがんばり、ようやく二人の友だちを作った。一人は別の小学校から来て友人がいない子で、一人は転校生の男の子だった。そのつながりが支えといえば支えだった。

でもある日、弘くんの家にやってきたその二人の子が、人の家だというのにパソコンゲームで遊んでばかりいたことに何かひっかかり「パソコンしすぎじゃないの」と言葉をかけた。ムッとした顔をされたが、その時は何も言わず、その次の日から態度が変わってきた。二人はそれから来なくなった。

学校で二人に声をかけても無視されるようになった。悪口や嫌味も言われた。そのうちクラスのほかの子にも広がり、「あのグループから無視されているなあ、こっちもだなあ」と感じ、つらくなってきた。

体育の準備運動や理科の実験などはグループを組むが、誰一人として相手をしてくれなくなった。惨めで泣きそうだった。どうして、どうしてこんな目にあうんだと何度も心のなかで反芻《はんすう》した。

休み時間は、一人ぼっちだし、居場所もなく、机に顔を伏せて過ごすしかなかった。すると、周りの声が否応なく耳に入ってくる。

「一人でかわいそう！」「死ね！」「こんなやつなんでいるんだ！」

そしてひとこと言うたびに、何人かがワーッと笑っているのだ。いたたまれなかった。

担任の先生は若い女性だった。あまりにも苦しいので相談してみようと、思い切って言ってみた。しかし「注意しておきます」と言うだけで、何も変わらなかった。先生は助けにならないと感じた。

「無視」といういじめは直接の暴力とは違い表面的には見えにくい、と弘くんは言う。

弘くんは「無視されるのは、自分がだめだからだ」と精神的にも追い込まれ、自宅で母親を前に包丁を握り、「だめな自分が死ねばいいんだ」と泣き叫んだこともあった。

それでも、学校には行かなければと思い、がんばって砂をかむような気持ちを抱えながら通った。親はそのつらさを知っていたのか、無理に学校へ行けとは言わなかった。

行ったり、休んだりする弘くんを見て、前からフリースクールの本を読んでいた母親は、一度東京シューレを見に行かないかと誘った。それが冒頭で記した「保険にしておきます」と言った見学のことである。

弘くんは自転車通学だったが、その頃はペダルが重たくて重たくて、なかなか進まないばかりか、どういうわけか自転車通学の途中でよく転んだり転倒したりしたという。

弘くんは、その頃の気持ちを時々語ってくれる。

「こんな苦しい思いをしてまで、学校へ来て何の意味があるんだろう。そうだ、もう学校はやめよう。やめないと自分はボロボロになる。やめてフリースクールに行こう。この前見た東京シューレで新しい生活を始めよう」

そう思ったら、とても心が軽くなって晴れ晴れしてきたそうだ。気持ちを新たにして下校した日の自転車は、羽根が生えたようにペダルが軽かったという。

一週間ほどゆっくり家で休んだり、図書館に母親と行ったりして、東京シューレの近くに転居の後、東京シューレにやってきた。中学二年の一学期のことだった。

しかし、学校に行くのをやめフリースクールに来れば、すんなり元気になるのだろうか。生身の人間、そう簡単にはいかない。いじめや不登校を体験するに至った心の傷は、癒えるのに時間が必要で、とらえ直すのにも時間が必要なのである。

弘くんは、東京シューレに入ったといっても、まだまだつらい状況で、いじめられたのは自分がダメな人間だったからという思いや、学校へ行けなくなった罪悪感がのしかかってきて、苦しくて、家庭内暴力も出たという。東京シューレへ来ると楽しいし、気がまぎれるけれど、こんなことをしていていいのだろうかという思いから抜け切れなかった。眠れなかったり、夜中にいじめられている夢を見て飛び起きたりしたこともあった。また、自分がいじめられて不登校をして、フリースクールに来るようになり、親に引越しまでさせて、とてもお金を使わせてしまって申し訳ないと思ったりして、苦しかったそうだ。

東京シューレに通いだしてから二年、やっと自分を認められる気持ちになり、落ち着いてきた二〇〇六年秋、ニュースでいじめ自殺が次々と起こっていることを知り、少しでも苦しむ子がなくなるように、自分の経験を発言してきた。

いじめがつらくても、それでも学校に通っている時、父親は「お前がつらいんだったら、お父さんはそれがつらいよ」と言ってくれた。いっしょに感じてくれている、親がわかってくれているということが、うれしかった、ありがたかった。

「だから、できるだけつらくないことを考えるようにしていましたね」と話す。

母親もいじめを心配して眠れなかったということを聞き、それほど心配してくれているんだと感じ、一人じゃないと思えた。父も母も、どうしたらいいのかいっしょに考えてくれたのがとても支えになった。学校に行けない罪悪感があったけれど、親が自分を認めてくれたのでやってこれた。本当に心から親には感謝している、と言う。

自分の経験から、いじめられている子やその親に対しては、「学校に行かなくてはならないという思いや焦りが、逃げ道をふさいでしまうんです。フリースクールを含め、進む道はほかにも様々あるとわかって、とても気持ちが楽になりました。それを知ってほしい」という。

また、「先生同士でもいじめがあったり、教師の自殺もある。教師の苦しさは子どもにぶつけられ、子どもは子どもに当っていく。弱い方、弱い方へいじめが広がっている。はっきりいって、大人も子どももこれだけバンバン死んでいくような教育は、教育じゃない」と弘くんははっきり指摘している。

「おれ、よく死なないでやってきたと思うよ」

川本浩弥くんの話

浩弥くんの特別な事情といえば、父親がとてもうるさく、厳しい人だったということがあげられるだろうか。

顔を合わせれば「勉強しろ」「家の手伝いをしろ」とうるさかった。そして、宿題をやらなかったり、風呂掃除をちゃんとしていないと、父親は浩弥くんを殴ったりもした。

だから、浩弥くんは家にいることがイヤだったそうだ。家にいるよりは学校の方がましだったから、学校は嫌いではなかった。勉強はさほど好きではなかったが、小学校時代は楽しく通っていた。

落とし穴を作ってみたり、水処理場の門は鍵がしまっていて入ってはいけないのに、みんなを集めて中を探検したりして遊んでいた。

中学生になっても、やはりみんなとワイワイさわいでは、いたずらっぽいことをしていた。

ある日は、落とし穴を作って、先生を落とそうとしたのに、どういうわけか先生はぜんぜん落ちなくてほかの子が落ちてしまった。理科室の人体模型に制服を着せて、窓の外に落とすいたずらもやった。また、電車に乗ったら、誰も乗客がいなくて自分たちだけだったので、手すりで懸垂を一斉にやり、最初に落ちた子がみんなにメシをおごる、という罰ゲームも考えた。

もうちょっと悪いこともやった。浩弥くんの父親はゲーム禁止、マンガ禁止、お小遣いゼロが方針だった。これでは友だちと遊びに行く時、お金がないので親の財布からこっそり抜いて持っていったこともある。

父親の厳格なやり方に母親は反対で、よくぶつかってはケンカをしていたが、父親の方針は変わらなかった。そういう家庭の問題はあったが、中学一年までは、学校はみんなとワイワイ騒いで楽しかった。

ところが、中学二年になって一変する。先生も生徒もクラスが総入れ替えになった。少し顔見知りだった子がいじめてきた。太っていることをいじめのネタにされ、いろいろ悪口を言われ始めた。浩弥くんはテストプリントを机の中に突っ込む癖があり、つっこんだプリントの中にいじめの言葉が書かれていた。

顔を合わせるのがイヤで、休み時間になるとみんなのいる所とは別の場所に行くようになった。チャイムが鳴り、教室に戻ってみると、筆箱の中の鉛筆が全部折られていたりした。

二学期に移動教室があった。泊りがけの合宿は楽しいはずだが、炊事当番の時はつらかった。ご飯を盛って、渡そうとすると「お前の盛った飯は食いたくない」と、何人にも言われたからだった。

先生にも訴えたし、親にも話した。親は、学校や相手の親や子どもと話し合いをした。学校は、いじめた子に作文を書かせたし、それに校長の印まで押している。でも、全くいじめは止まらなかった。

父親もいじめは知っていた。でも「いじめがあっても学校へ行け！」だった。

いじめる相手は、一人だったり複数だったりして続いた。しつこいことがイヤだった。休み時間のたびに追っかけてきて、つかまってしまうと蹴られたり、お小遣いを持って来いと脅されたりした。

サッカー部に入っていたが、帰りに出会わないよう、下校を早めるために学年の途中でやめて、急いで帰宅するようにした。早めに帰ると、父親がいないし気持ちも落ち着いた。

「じゃあ、そのときはちょっとほっとした？」という私の質問に、

「ほっとしないよ。そのうちオヤジが帰ってくるから。いつも、そのことをどうしようとすぐ考える。早めに帰ってくるときもあったし。だから、帰宅してもずっと家にいないで外をブラブラして、特に本屋の立ち読みをしていた」と答えた。

お小遣いをもらえない浩弥くんにしてみれば、それしかなかった。本は大好きで、借りたりしてよく読んでいたと言う。

朝の始業前の時間も、いじめてくる子をどうするか、避けるための方法ばかりを考えていた。かといって、家にいると父親と過ごさなくてはならないのが苦痛だった。いじめのことを知って、母親も学校と何度やり取りしてもいじめが続い

ているこがわかり、父親もたまに「行かなくてもいい」と言う時があったが、いっしょにいることが一分でも一秒でもイヤだった。浩弥くんの父親はサラリーマンには違いなかったが、朝ゆっくり出勤してもよい仕事だったようで、そこで浩弥くんはちゃんと学校に間に合う時間に家を出るけれど、どこかで時間をつぶして一時間遅れて教室に入る、という登校をくり返していた。

ところが、担任から家に夜電話がきてしまった。

「浩弥くん、毎日遅刻して来るんですよ」

その時の父親の殴り方はものすごかった。何発も何発も殴ってきて、青あざが何か所もできた。

このことに限らず、父親の暴力はひどかったらしい。何かを理由に、ことあるごとに殴られた。手で殴られただけでなく、物でも殴られたこともある。浩弥くんは小学校時代、自分から望んで和太鼓を習わせてもらったが、ある日、家にあったバチで殴ってきたという。その時は「うそをついた」というのが理由だった。帰宅するのがイヤで、別の理由をつけて遅くなると電話して、太鼓の師匠さんの家でご飯をごちそうになって帰った。それが知れるところとなり、うそをついたと殴られたうえ、やめさせられてしまったのである。その師匠さんは教え方もよくて本当は習い事を続けたかったのに、できなくなってしまった。それは習えないつまらなさだけでなく、堂々と外出できるところがなくなることで、とても困った。なるべく家にいたくなかったが、外へ出る理由が父親に納得されないと、また殴られるきっかけになるからだ。毎日、毎日、父親から殴られないように、必死で過ごさなくてはならなかった。

父親は自分こそが正しい、おれの言うことがなぜ聞けない、という態度の人だった。殴られるだけではなく、風呂に入っている時もいきなり怒ってきて、頭を押さえつけズボッとお湯の中につっこまれ、死ぬかと思ったこともあった。「ガマンのレベルじゃなかったよ」と浩弥くんは言う。

こんな父親から、母親は浩弥くんを守ろうとしてくれたが、いつももめてケンカばかりしていた。ついに、母親は父親と離婚することを考え、家庭裁判所の調停が始まり、別居することができた。

父と別居したので、浩弥くんはやっといじめのある学校を休むことができるようになった。母親はいじめを知ったときから「行かなくてもいいよ」と言ってくれていたが、父親との関係でそれができなかった。父親のいない家庭は「バンザイ！」だった。

「おれは行かないよ」と宣言して中学二年の終わりから不登校を始めた。

浩弥くんは長い間、学校も家にも安心できるところはどこにもなく、緊張して神経を張り詰めて暮らす日々だったが、それからようやく解放された。

「おれ、よく死なないでやってきたと思うよ」

希望も何も持てない日々、どこへ行っても恐怖感につきまとわれる日々、今日一日が何とか生きられればという日々で、死んだほうが楽かもと思ったときもあるが、死なないでやってきた浩弥くんだった。

学校へ行かなくなってすぐ「ゆうえふ」というフリースクールに行くようになった。これは、母親のつながりで学校に行っているときから知っていて、何かの折には遊びに行ったりもしていたところだった。子どもが三人いて、お兄さんお姉さんのようなスタッフが二人いる、こじんまりしたフリースクールだった。開いている日は毎日通った。あとは、家で本を読んだり、ゴロ寝をする毎日となった。

中学三年になった時、行政と市民が協力して行うイベントが開かれ、浩弥くんはそこで東京シューレのスタッフの一人、野村さんと再会することとなる。再会というのは、保育園を通しての知り合いだったからだ。野村さんが子どもを預けていた保育園の卒園生だった浩弥くんは、クリスマス会など、行事の時によくその保育園を訪ねていたので、会っていたのだ。

自然のなりゆきで、野村さんの勤めている「東京シューレ大田」へ遊びに行こうということで訪ねた日、即座に「ここはいい」と思った。「ゆうえふ」より広いし、何人も子どもがいるし、ここならいろいろな出会いがあると思えて、入会を決めたと言う。「ゆうえふ」の方も、映像作品などをみんなで作っていたので、両方のフリースクールに通うことにした。

浩弥くんは演劇が好きで、また表現力があった。歌うことも好きだった。幸いなことに、入ってまもなく東京シューレ二〇周年祭が開かれることになっていた。そこで、自分たちでゼロから創った劇を上演した。不登校について、もっとみんなにわかってもらいたい気持ちから、自分たちの体験したことをもとに脚本を子どもたちが書き、子どもの権利条約の考え方を軸にして「私が私であるために」

という劇を完成させたのだった。

この劇は、大変好評となり、その後も全国各地のネットワークから声がかかり、計七回ほど再公演しているのだが、浩弥くんの言葉を借りれば、「入ったとたんにボーン、でしょ。こんな大勢の人の前で、こんな立派なステージでオレ自身がやれるなんて、夢みたいだ」と興奮が伝わってくる。また、大田シューレもとても創造的な出し物を準備していた。映画作り、ダンス、日本文化紹介など、子どもたちで相談しながら練習し、仕事を分担し、二〇周年祭は大成功に終わる。

浩弥くんは、東京シューレに入ってよかったということに「新しい可能性に気づけた」ことをあげている。演劇、音楽、映像、何でも挑戦する場がある、自分はいろいろやれる可能性があると思っていると話す。

浩弥くんは、通っていたふたつのフリースクールをやめ、都立の定時制高校へ行くために勉強をした。学校にイヤな経験しかないので、今度は楽しい高校生活を経験してみたいという気持ちが湧いてのことだ。そして無事合格、高校生になった。

浩弥くんは最近、書いてきた小説をほぼ完成させた。原稿用紙一五三枚になり、あと少しつけ加えて、小説のコンクールに出したいと考えている。小説家になるのが夢だ。

考えてみると、自分の夢はこれまでことごとく父親に否定されてきた気がすると言う。テレビの金八先生に感動して、教師になりたいと話したら「教師はダメだ。少子化している時代に採用は難しくなる。安定しない」と言われ、小説家になりたいといえば「そんなんで食っていけるか」と怒鳴られた。フリーターしながら小説を書くといっても、フリーターは許さんと言われた。

「じゃあ、どうなってほしい？」と聞くと、「公務員になれ。ちゃんとした給料が入るから」と言い、それ以外は否定された。

でも今は、その父親の縛りからも自由になった。

コンクールに応募してみようかと思ったのは、浩弥くんがよく読んでいる文庫の最終ページに応募要項が出ているのを見たからだ。一〇代でも入選した人がいるという。そして入選すれば、本にしてもらえるということが、浩弥くんの夢に火をつけたのだった。

浩弥くんは何かの話を考えるのが好きだった、と目を輝かせる。頭のなかでは何でもできる。ファンタジー、空想、登場人物のアイディア、いろいろなことを考えた。それを考えている時は、現実の苦しさをちょっと忘れて楽しかった。家も、学校もつらいなかで、それが支えにもなったのかもしれない。

テーマは「孤独」。つながりがなくなる苦しみや悲しみ、人にとってのつながりの大切さを表現してみたい。そして、読んでくれた人が「主人公もがんばっているなぁ。自分もやってみよう」と空想の主人公でもいいから、そこに希望を見てくれるといいなという気持ちで書いているそうだ。

すらすら書けているわけではない。物語の初期設定に失敗して、話の筋がゴチャゴチャになり、全部やり直したこともある。本当に、いろんなことを考えないと書けない。何度も直したり、消したり、順序を変えてみたりしている。書いているうちにおかしくなって考え直す、そのような連続だけれど、自分で創っていけるのがとてもおもしろい。コンクールに受かるかどうかよりも、こういうことに挑戦できている自分がうれしい、と感じている。

パソコンは、父親に買ってもらえなかったので、母親のものを使わせてもらっている。初めは指で一つひとつキーを押していたが、今は両手で手早く打ち込めるようになり、自由に書くことができる。

いじめについて言いたいことは――いじめられているとわかったら、親はその子の話を本当にちゃんと聞いてあげてほしい。そして「どうしたいの」と聞いて、子どもが「こうしたい」と言ったことは、大人の理屈で否定しないで、聞いてあげてほしい。ぎりぎりのことだから。

いじめっ子に対しては――人の心をちゃんと見てほしい。自分がそのようにやられたら、「どんなんだ、どんな気持ちになるんだ」と一度考えてみてほしい。人をいじめて喜んでいる自分は最低だとわかってほしい。

いじめられている子には――学校でがんばったり、踏んばらないでほしい。ガマンしないで。ガマンするからダメになっちゃう。死にたくなっちゃう。踏みとどまる勇気はいらないんだ。そうじゃなく、逃げる勇気を出してほしい。助けを求める勇気って大事なんだよ。それを大事にしてほしいな。

それが浩弥くんの心からのメッセージである。

「先生は知っていたはずです、でも見て見ぬ振りをして何もしてくれず…」

山崎純司くんの話

純司くんの両親は仕事を持っている共働き家庭だった。ふたつ違いの妹もいて、あまり不自由もなく、すくすくと育った。東京に住んでいた家族が埼玉県の、とある街に引っ越したのは、純司くんが小学四年生の時だった。一学年三クラスの中規模の小学校だった。

そこで、無視が始まった。

最初は、無視されていることには気がつかなかった。「おはよう」とか「これ、ここでいいんだよね」とか、何か純司くんが声をかけても黙っているので、聞こえていないんだと思っていた。もう一回大きい声で言うのもわざとらしいので、そのままにしていたが、先生に声をかけても同じことがあった。

気がつかないといっても何回もそういうことがあると、無視かな、シカトかな、と思い始めた。「転校生だから」という感じだったかもしれない。

それでも純司くんは、あまり気にしないようにして過ごし、五年生になった。

五年の担任は男の先生に替わった。クラス替えがあっても元のクラスの子どもたちの無視は続いていた。別のクラスから来た子どもも、いつの間にか無視するようになった。

それだけではなく陰口をたたかれるようにもなった。コソコソ言っているつもりなのだろうが聞こえてくるのだ。いや、聞こえてくるように言っている、とも取れるのだ。

「あいつ、いなくなればいいいんだよ」

「死ねばいい」

「バカッ」

教室で休み時間も放課後も言われ続けた。純司くんの友だちが三、四人いたが、その子たち以外はみんなが言っている感じがした。

先生にも訴えてみた。しかし、

「何かの思い過ごしじゃないの」と、取り合ってくれなかった。

こんな先生じゃだめだと思った純司くんは、ガマンしてがんばって学校へ通い続けた。勉強は嫌いではなかったので一生懸命に取り組んだ。せめて、勉強ではバカにされる存在じゃないぞ、というのを無意識にも示したかった。でも、それがまたシャクの種になったかもしれない。

六年生でまたクラス替えがあり、クラスの友人たちも、担任も替わった。

ある日の帰り道、いきなりランドセルを蹴られたことがあった。純司くんは、よろけて倒れ、やっと起き上がると蹴った子たちは笑った。何も悪いことをしていないのに卑怯じゃないか――。純司くんは悔しくて、また今日も帰りにやられるかもしれないというのが怖くて、思い切って先生に相談してみた。

その新しい担任は先生の鏡だと思った。初めて本気でちゃんと対処してくれたのだ。これまでで一番いい先生だった。

そのためしばらくいじめはなかったのに、またいじめが復活して純司くんは学校を休む日が増えてきた。もうかなりつらくなっていた。このときはさすがに親にも、いじめられていることを話した。親はやっぱり、担任に連絡を取った。

先生は真剣に、その子たちのことを怒ったので、いじめっ子たちが家に謝りにきてくれた。その先生のおかげで少し安心感ができ、何とか卒業まで通った。

でも、その先生は純司くんが中学二年の頃、遠くへ転勤してしまった。中学へ行ってからも心の支えだったのに、すごく残念な気がした。

中学生になっても、あまり希望は持てなかった。小学校で純司くんをいじめた子たちも、同じ中学校に行くからだ。どうしようと思う春休みだった。

しかし、六年担任の先生が純司くんのためを考えて話してあったのか、中学校の配慮で、いじめっ子たちは別のクラスにしてくれていた。

クラスではいじめもなく、ほっとした中学生活が始まった。でも、その平和は長く続かなかった。部活動だ。中学には部活があり、純司くんはソフトテニス部に入った。部活に熱心な学校だった。その部活動に三〇人くらいの部員がいたが、新しい子にいじめられるようになったのだ。

その子は小学校の時、別のクラスだったが、純司くんがいじめられっ子だということは知っていた。その子が「チビ」「おまえは下手だ」と言ってきた。

一、二学期に、たびたび言ってきたけれど、気にしないように気にしないようにガマンして部活に行った。三学期にはすごくひどくなった。部活ではペア制で練習したりするが、交代する人がいなく、いつも同じ人になってしまう。そしてミスしていないのに組んだ相手が悪く言う。

「部活の先生は、知っていたはずです。でも見て見ぬ振りをして、何もしてくれず、役に立たないのです」と純司くんは、さびしそうに語った。

部活のいじめは、それだけで終わらなかった。部活の影響で、クラスでも悪口が広がっていった。授業でも、休み時間でも、いろいろと言い始めた。

三学期には、学校に行きたくないなあと思い、でも行かなきゃなあと悩み、がんばって登校していたが、一週間に一、二度は休むようになった。

中学二年になって、またクラス替えがあり、担任も替わって三〇代くらいの女の先生になった。考えるのもイヤなほどいじめが集まった。ものすごい陰口だった。「死ね」「なんであいつがいるんだよ」と言いながら、授業中に消しゴムを投げてくる。当たって振り向くと笑う。もう授業にも集中できない状態だった。

先生に何回も訴えにいった。先生は知っていたのに見て見ぬ振りをしていた。先生は全くダメ、困っていても助けてはくれなかった。

六月の休み時間、教室のコンセントにいたずらをしていた男の子が目に入り、勇気を出して注意をした。すると、その男の子三〜四人のグループによるいじめがエスカレートした。

カバンに入れた教科書やノートを教室の床にばらまかれた。授業中に消しゴムや消しゴムのカスを投げつけられていたのは前からだったが、その回数が急に増えた。掃除の時間にはトイレの個室に閉じ込められ、開けようとしても開けてくれない。そして、トイレの上から床をこするブラシを次々投げ込まれた。泣きながら、もうダメだ——純司くんは思った。

純司くんはとうとう学校へ行くのはイヤだ、休みたい、と言って動かなくなった。しかし、純司くんの母親は、たいていの親がそうであるように、「行かなきゃダメよ」と登校させようとした。きっとこれほどのいじめがあることを理解できなかったのだろう。「学校はもう、イヤだ」と何回言っても、その頃の母親はよく聞きもしないで、怖い顔をして「行きなさい」としか言わない。

イヤだ、行きたくないと心のなかでは叫んでいるのに、でも死んだような気持ちで行くしかなかったのだ。死ねたらいいな、と思った。

しゃべらなくなり、眠れなくなったり食欲もなく、元気も出なかった。

二学期になると、教室に入ることがどうしてもダメだった。でも「できるだけ教室に行きなさい」「できたら教室で授業を受けるように」というのが学校の方針だった。

ついに保健室登校になった。保健室では朝から自習が中心で「プリントをやりなさい」と先生が持ってくる日もあった。でも、たまに先生が来るだけで、保健の先生もいっさい教えてくれないし、むなしい気がした。

保健室では、ちょっとの間いじめはなかった。

でも、ある秋の日、学校の廊下で三年生の先輩につかまり、「てめえ、ボコボコにするぞ。五〇〇〇円持って来い」と脅された。「お金はありません」と言っても、繰り返し脅された。「よこせと言っただろう。まだもらってないよ」と自宅まで押し掛けてきた日もあった。その時は、たまたま家にいた父親が追い返してくれたのだが、そのことをきっかけに、学校には保健室であろうと、どこであろうと、どうしても足が向かなくなったのだった。

今度は両親とも、もう無理に学校へ行けと言わなくなった。


東京シューレに入ったのは中学二年の一二月。母親がインターネットで見つけて、教えてくれた。すぐ気が向いたわけではないけれど、学校から逃げられるならいいかな、と思って行くことにした。

王子シューレに行ってみると、雰囲気が明るく、そこにいる子たちは仲が良さそうだったので、入会することを決めた。シューレには、一年ちょっとしかいなかったけれど、人が信頼できると感じた。

そして楽しい思い出がけっこうできた。まずひとつは、韓国のスタディツアーに参加したことだ。初めての海外体験でとても緊張したけれどおもしろかった。日本と比べて、韓国の物価が安いことにも驚いた。

夏休みには、中等部の企画がミーティングで承認され、北海道合宿ができることになった。羽田から千歳まで飛行機に乗り、旭山動物園に寄って、バスで道東まで行き、中標津のフリースクールに泊めてもらった。そこは「ミザール」というフリースクールで、病院の一角でやっているところだ。現在の院長さんが、閉鎖した病院を買い取ったという広い施設だったので、みんなでごはんを作りながら寝袋で寝る生活だったけれど、楽しかった。とりわけ、釣りのことが印象に残っている。近くの川でマスをじゃんじゃん釣って大漁だった。

冬のスキー合宿も楽しかった。スキーは家族でよく行っていたので、もともと滑れたから抵抗がなかったし、コーチの教え方もうまかったと思う。

中学三年になると、大学を卒業しておいたほうがいいかなと思い始めた。将来は弁護士になろうかなと考えたこともあった。姉が法律関係の仕事をしているので興味を持ったことと、やはり自分の経験から、困っている人のために役に立ちたいという気持ちからだ。

純司くんは中学卒業まで東京シューレにいたが、その後、この四月より高校に進学、現在は三部制の定時制高校に通っている。午前は四時間の授業、午後に福祉コースがあり、介護士の資格を取るコースを選択して学んでいる。

純司くんは、話を聞かせてくれた最後に、「いじめは、これからも増えると思うよ」とさらりと言った。

そして「東京シューレに来て、自分は明るくなれたし目標も見つかったし、もう、いじめのことはとっくに忘れて暮らしてる。でもね、いじめている人には考えろと訴えたい。人が苦しむことはするな、と言いたいですよ」と結んだ。

「どうして私たちが、あなたをいじめているか、わかる？」

徳沢良美さんの話

東京の郊外に、一家六人で暮らしている、通称「よしちゃん」は現在一七歳。弟や妹思いの明るい少女である。

「もともと私は、明るく元気ないい子だったようです。だって、小学校の先生がつけてくれる通知表には、いつもそう書いてあったし、母親もそう言っていました」

そのように語るよしちゃんの、この元気な明るさをもと通り手にしたのは、わりと最近だ。中学校に入ってからのいじめ、人に対する恐怖感、不登校、ひきこもり、これらの経験によしちゃんは苦しんだ、長い、つらい時間があった。

「小学校は、たまに行きたくない日もあったけれど、六年間基本的には楽しい日々で、ほとんど学校は休んでいない」と言う。不登校の子がいるのは知っていたが、どうして学校に来ないいんだろうと思っていたくらいで、まさか自分が不登校になるとは考えられなかった日々だった。たまに友人とケンカすることはあっても、先生が書いてくれたように、元気で明るい、問題のない子として過ごしていた。

中学に入ってすぐ、状況が一変してしまう。中学は五つの小学校が集まる学校だった。一年生は五クラスあって、生徒が増えたため、卒業期に一学年六、七クラスになっていた。五つの小学校が集まるのでクラスには元の小学校から来た子が一〇人近くだった。そこで、自然に六人のグループができ、よしちゃんはそのメンバーの一人だった。

しばらくして別の学校から来た子と仲良くなった。その子とつきあう頃から六人グループのいじめが始まった、ということが後でわかる。

実は、初めの頃はいじめられていることに気がついていなかったし、そう思っていなかった。

ある日、そのグループ全員からの手紙が渡された。「どうして私たちが、あなたをいじめているか、わかる?」と言われ、初めて「あ、私はいじめられていたんだ」と気がついた。無視されているとは感じても、なぜだかわからなかったし、何か違うと思うけれど、見回してみて、いじめの対象になっていると感じた。手紙では、〝あなたは私たちのことを気遣っていない〟、とあったが、自分では気遣っているつもりだった。だから「謝って」と言われてもわからなかった。

自分はいじめられている! とわかった日、くらくらするほどのショックを受けた。でも、授業だけは受けないといけないと思ってガマンしたが、何を聞いても頭に入らなかった。やっと帰宅の時間になって、やっとの思いで家に帰った。次の日は、登校しなかった。でも、休んではいけないと思い登校は続けた。

とりあえず、ガマンしながらも教室にい続けた。しかし本当はいたくないので、身体が敏感になりお腹がよく痛くなったという。それをまたガマンして学校に行って一日過ごすのがつらかった。そのうち生理不順もきたすようになった。朝起きた時、制服を着ただけで、ドシッと身体が重くなり、動くのがたいへんだった。行きたくないと思いながらも、登校した。

手紙をもらった後もシカトは続いていたが、一学期はがんばって登校した。六人グループが悪いというわけじゃないかもしれない。グループの一人は、自分がいじめに加わったことに罪悪感を持ち、次の日、先生に「いじめたことを悪いと思い、家で泣いた」と話したらしい。

「今でも覚えているけれど、通知表の出席日数が一学期は七六日でした。それが、二学期三七日、三学期が七日となっていくんです。どういうわけか七がつくので覚えています」とよしちゃんは言う。

二学期に入ると、そのグループだけではなく、いじめがクラス中に広まった。もう、あいつはいじめていいんだという感じで世界が変わってしまう。

なぜだか「ガスマスク！」と言われた。教室でも、廊下でも、陰で悪口を言われているのがよくわかった。面と向かってパシリをやらされたが、断れなかった。

そのうち、「カラオケ行こう」と誘われ、友だちは「お金出してくれる？」と言ってきた。「ウン」と答えるしかなかった。親には話せなかったので、自分のお小遣いから、やっと一〇〇〇円ほど持って行った。

だけど、どういうわけか、渡そうとしたら、その一〇〇〇円がなくなっていた。盗まれた！と、とっさに感じた。やっとの思いで、お金をせびってきた子に言った。

「お金がないので渡せない」

その子はあっさりと「そう、じゃあ出しとくから、後で返して」と言った。仕方なく、後で一〇〇〇円を渡した。

この頃、ついに学校に行けなくなってしまうある事件が起きた。万引きに加わってしまったのである。

「万引きをしよう」と言い出した子は、防犯カメラがあっても、平気で、でっかいものを盗んでしまう。洋服を四、五着、パッパと手にすると、お店の試着室に入って、持っていた服の一着を、売り物の大きめのバックに無造作に突っ込んで持っていく。

その子は、万引きGメンにつかまったこともあるらしいが、家庭に恵まれない子で、親から虐待も受けていると聞いた。

もう一人の子も、万引きの経験はわからないけれど、家庭でさびしい子だと後で聞いた。その二人から万引きに誘われ、断れなかった。イヤだ、という気持ちはあってもいじめがひどくなるのではと思うと、断れなかった。

三人いっしょにスーパーに入り、よしちゃんは、そんなにいっぱい盗めないので、カバンを万引きした。そして先生に話した。その時味わった、「あーあ、どうしよう、最低の人間になってしまった」という気持ちは、忘れられない。

万引きを知った母親は逆上して怒鳴りつけると思ったら、何も言わずに、静かに「悪いことをしたんだから、謝りにいこう」と言って、いっしょに謝りに行ってくれた。

母親は、いじめられていることも、断れなかったこともわかっていてくれたので、そういう態度だったのだろうとよしちゃんは言う。

この万引き事件がきっかけで、不登校が始まった。罪悪感でいっぱいになり、つらくて人に会えなかった。

しかし、一年生二学期の期末テストがやってきた。テストは受けなければならない。この時ほど、死にたい、死んだら楽だろうな、と思ったことはない。

テストを受けるために必死で登校した。先生は「どこで受けるのか」と聞くこともなく、よしちゃんを「この部屋でテストをします」と連れて行った。そこは個室だったが、どういうわけか片面がガラス張りだった。らせん階段を上がって入るのだが、みんなが通る廊下から丸見えだった。もう一人遅刻した子も、この部屋に誘導されてきた。二人だけでテストを受けた。

この時だ。頭のなかに、自然に湧いてきたのが「死にたい、死にたい、死んでしまいたい、ここを飛び出して屋上に出て自殺したい」という思いだった。どんどんその言葉ばかりが湧いてくるのだった。そんなことを考えちゃだめだと打ち消しても、また浮かんできた。もう、本当に危なかった、とよしちゃんはその当時を振り返る。

次の日から全く学校に行かなくなった。

でも、万引き仲間の二人は偽名で電話をかけてきた。

「ちょっと来てよ」

「お金持って来て」

よしちゃんは、始めは自分で電話に出て「学校には行けない」「かけてこないで」

と応答したが、毎日のようにかかってきた。この頃のよしちゃんは人が怖い、外が怖くて仕方がなかった。電話にも出られなくなり、母親に出てもらうようになった。

親と先生は、いろいろ話してはいた。

でも、三学期はただ怖くて、絶対人に会いたくなく、一日中雨戸を閉め、昼間も部屋の電気をつけて家の中にいた。昼夜逆転はなく、ごはんだけは家族でいっしょに食べていたが、しばらくは一日中パジャマでいた。一日中テレビを見たり、絵を描いたりして過ごした。あとは寝ていた。寝られることが幸せだった。

母親は「学校へ行かなくていいよ」と言ってくれたので、守られていると感じていた。もう「学校には行けない」と宣言したから、気持ちは学校へ行っている日々より、ずっとスッキリしていた。

でも、母親以外の家族はそうではなかった。全く登校しなくなった孫に対して、祖母は「勇気がないのよ、勇気を出せば学校に行けるのに」「私立中学に入れてあげるから行きなさい」とたびたび言ってきた。

父親も「勇気を出して行け」と言った。よしちゃんは泣きながら「勇気を出せれば行っているよ」「どうやってその勇気を出すんだよ」と言い返したが、つらくてつらくて仕方がなかった。

祖父は、その当時、身体が弱っていて、病院にかかったほうがいい状態だった。ふだん、祖父は、あまり学校のことに触れなかったが、「入院したほうがいいよ、おじいちゃん」と言った時、「お前が学校に行けば入院するよ」と返され、だまっているしかなかった。結局、不登校を続けているうちに身体の具合が悪くなって、祖父は入院し、三年後に亡くなった。

学校へ行かないのは、とても罪悪感が伴った。カウンセリングに行ってみようとなったが、なぜか妹が病院に行く時、付き添いのような感じでついて行き、自分がカウンセリングに行く言い訳にしていた。母親と妹と三人で出かけることは、ひきこもり状態のなかで、唯一外出する機会だった。

そのカウンセリングも、自分には合わないと感じて六回ほど通ってイヤになり、やめた。カウンセラーは、よしちゃんが中学生にもかかわらず、「おばちゃんと絵を描こうよ」と言ってきたりして、年齢相応の対応ではなかった。

そこで、母親だけがカウンセラーのところに行くことになった。前と同じように三人で病院に出かけ、母親がカウンセリングを受けている間、待合室で妹の面倒を見ながら過ごした。

そして二年生になり、担任の先生が替わった。ひとことで言うと「変な」先生だったとよしちゃんも母親も感じた。よしちゃんは一回だけじかに会ったことがあるが、信頼できるとは感じなかった。母親は何回か会ってみて「もうあんな変な先生じゃ、学校はやっぱり行かなくていいよ」と言った。

相変わらずの生活が続いていた頃、母親が通っていたカウンセラーから「お子さんは、学校よりフリースクールがいいんじゃないでしょうか」と言われた。

母親は、早速図書館に行きフリースクールのことを調べ、片っ端から電話をした。

そしてある日、母親が「出かけるから」と言うので、ついて行った場所が「新宿シューレ」だった。最初は、どういうところかわからなかった。雑然としていて、きれいじゃないけれど、子どもがいっぱいいて、よしちゃんは三日目には「ここなら行く」と母親に伝えた。趣味の同じ子と仲良くなった。今では、すっかり気に入り、積極的に東京シューレの活動に参加している。

　年齢もいろいろな子とつきあえるし、みんな大家族みたいで雰囲気がいい。学校だと男子と女子が分かれていて、異性に話しかけてもすぐ変な目で見られるが、フリースクールではそんなこともなく自然だ。スタッフと子どもの関係も先生と生徒というのとは違っていて、話しやすい。アカペラのハモリ、バンド、料理、手芸、イベント、ホームページ作成、海外で行われる世界フリースクール大会にも参加するなど、やりたいと思ったことがどんどんでき、充実していった。

　しかし振り返ると、シューレに入ってすぐ元気になったのではない。いじめの後遺症というのか、そのようなものがあった。はじめはまだ人が怖くて帽子を顔が隠れるように深くかぶって通っていた。最寄の駅まで母親に迎えに来てもらっていた。そのうち平気になり一人で通っていたら、ある日運悪く、元の中学校のクラスの男の子に会ってしまった。その子は、よしちゃんを見つけるなり、指をさして笑った。また人が怖くなり、しばらくの間、駅までの送迎を母親につき合ってもらった。

　中学を卒業して義務教育から解放されたら、楽になった。シューレにいるうちに笑うようになり、余裕もでき自信も生まれた。

いじめの取材も受けてきた。いじめをしている子は、さびしいのではないかと思う。いじめることで仲間がいると錯覚しているのではないかと考えたりして、かわいそうな子かも、と思ったりする。いじめに苦しんだが、そう考えるようになり、自分なりに余裕が出てきたなと感じている。

その後、三月に高校の受験をして、四月から都立の高校に通い出した。よしちゃんの将来の夢は保育士になることである。

「いっぱい、いっぱいで、自分を支えるのがせいいっぱい」

三浦良太郎くんの話

良太郎くんが入学した小学校は、東京の郊外にある一学年三クラス、児童数が五〇〇人くらいの学校で、一、二年生はクラスの人数もちょうどよく、楽しく学校へ通っていた。

三年生の時、クラス替えとなってから状況が変わった。子どもの人数の関係で三クラスから二クラスになり、一クラスは四三人に増えた。

そのクラスにみんなから嫌われている子がいて、いじめられていた。

もう、何のことでケンカしたか覚えていないが、良太郎くんはその子とケンカしてしまった。先生は一方的に良太郎くんを叱った。

「なんで、謝らないのよ」

良太郎くんは反抗した。もしかして、気持ちのなかに、クラスのみんなも嫌っている子なので、便乗する気持ちがあったのかもしれない。

「じゃ、いじめていいんですか」と先生。

「いじめって、なんで言うんですか、ケンカしているのに。あいつが○○だから」

そういう言いあいのなかで、先生が言い放った言葉が決定的だった。

「じゃあ、あなたもいじめられなさいよ」

それからだった。いじめは、良太郎くんの方に回ってきた。クラスの子たちは、先生がいじめていいって言ったからと、根拠をそこに見つけたのか、おもしろいから便乗したのか、良太郎くんにいろいろないじめをしてきた。

良太郎くんの物がよくなくなった。先生に訴えても、また先生とトラブルになるだけだった。

給食は安心して食べられなくなった。給食の中に変な物が入っていたり、前を向いて食べていると、ミカンなどがいきなり飛んできて身体に当たったり、食器に当たってあわてたりした。そういう姿を見て、クラスの子は笑った。「バカ」とか「死ね」など暴言が飛んできた。

四年生になると、いじめがたまらなくなって学校を休む日が出てきた。学校はとてもつらく感じた。何のために学校へ行くのか。でもその頃は、学校には行かなくてはいけないと思っていた。

だから、休んでいても、明日は行こう、行かなくてはと必死だった。

休み時間に、自殺未遂をしたことがある。

いじめられているうちに「おれなんかいなくてもいいやつなんだ」と思った。毎日、何も楽しいことがないし、このまま生きていても仕方がない気がした。気がつくと三階の窓枠から身を乗り出し、飛び降りようとした。今なら誰も見ていない。死ねる、と思った。

でも、正直言って怖くなった。怖くて死ねなくなった。それがまた、死ぬこともできない苦しさを生んだ。合わせて数回、自殺未遂を試みたと良太郎くんは語っている。

それが母親の知れるところとなり、四年生の頃は、精神科に連れて行かれたことがある。しばらくずっと休んで家で過ごしていた。

五年生になって、クラスも担任も替わった。それで雰囲気や人が変わったので行けるようになった。でも、そのクラスに三、四年の時のガキ大将がいた。

そのガキ大将は三、四年の頃を思い出しては「いじめられていたお前を助けてやったのはおれだ」と恩を売ってきた。

それは、こういうことだった。

運動会の組み体操で、上に登る役になった良太郎くんは、誰かがわざとやったのか自分のミスかわからないが転落してしまった。頭から落ちて動けなくなった時に、たまたま先生の車が学校にあり、それで運ばれすぐ入院となった。撮影したレントゲン写真を見たことを、今もはっきり覚えている。頭がパックリ割れていて、とても大きな衝撃を受けた。それから一か月半入院していた。

やっと治って学校へ行ったが、クラスの話題にはついていけず、取り残された感じになった。この事故の時、そのガキ大将は、いち早く先生に知らせに行ってくれたらしく、恩を売ってくるのだった。

「ラーメンをおごれ」「今、お金ないから、お前が出せ」と金品を強要された。

また、ゲームセンターに無理やり連れていかれた。台をたたいて、コインを落として取るというずるいやり方を強要された。

そのガキ大将は、上に不良っぽい兄がいて見るからに怖かった。その子もケンカが強く、良太郎くんとしては逆らえる相手ではなかった。金品の強要は、どんどんエスカレートしていき、良太郎くんはお小遣いにも困るありさまだった。

五年生の三学期は、自然に学校から足が遠のいていた。そうしている間に学級はとても荒れていっていたらしい。母親が時々、父母会に参加して、そんな話をしていた。教師が「席に座りなさい」と声を荒げても何の力もなく、子どもは言うことをきかなかった。中年の女教師だったが、クラスの荒れに知らん顔だった。

そういう状態のまま、引き続き六年生になった。

みんな騒いで一日が過ぎる、学級崩壊状態だった。先生の言うことをまじめに聞くといじめのターゲットになった。みんなはいじめられたくないから、騒ぎに便乗していた。

良太郎くんはそんな学校に行くのがイヤで、ほとんど学校を休んでいた。クラスの状況は悪化したまま、卒業までずっと続いた。

「ぼくもいっぱい、いっぱいで、自分を支えるのがせいいっぱい」と感じていた。六年生は絶対に行きたくないと思い、計二週間くらいしか登校していない。

完全に学級崩壊で、授業は成り立たず、そのストレスで先生までも欠席しているということだった。学校としても、手の空いている人やPTAを動員して、教室を見るようにしていたが、大人の力でやってもあまり変化はなかったようだ。

担任は良太郎くんが登校しやすいように配慮してくれたこともあった。たとえば、入り口近くに席を決めてくれ、いじめられた場合、すぐ逃げやすいようにしたり、カバンもその席の近くに置き場を作ってくれた。

卒業近くなって登校した時、ガキ大将の召使いのようになった子が命令され、殴ってきた。その子は一人親で育てられ、外国人だということでいじめられていたようだ。そしていつの間にか、ガキ大将の手下になることで、自分がいじめられないようにしていた。

不登校になってから、ひきこもり状態が続き、マンガやパソコンを相手に一日を過ごしていた。三年生の頃、知り合った友だちがいて、五、六年は別のクラスになっていたが、その子だけは遊びにきてくれ、プラモデルなどでいっしょに遊んだ。

もっとも、クラスのなかで本当にいじめているのは二、三人で、そのガキ大将がいないと良太郎くんに話しかけてくれる子はいた。ところが、ガキ大将がいると無視されるのだった。ほかにも、身体の特徴でいじめられている子もいた。

いい思い出は、全くない。

卒業式は行く気もなかったが、行かないで終わったその日、先生から電話があった。

「誰もいないので、来ないか」

それじゃあ、と行ってみることにした。良太郎くん一人のために全教職員が集まってくれて、ひと通り式をやってくれた。それはそれでよかったし、うれしかった。

中学校へ入学した。

いじめていた子は別の地域の学校へ行ったので、周りの子たちもほっとしていた。

その中学はほかの小学校からも来ていて、一クラス三四、五人、一学年四、五クラスの学校で、荒れていない、いい雰囲気の学校だった。仲のいい子もいっしょだったから安心して登校できた。やさしい先輩もいて、科学部で楽しくやっていた。

でも、夏休みが終わって、なにかきっかけがあったわけではないけれど、行く日が減った。一学期にがんばりすぎて疲れたのかもしれない。

この不登校が、家庭の中に引き起こした問題が大きかった。家は二世帯住宅で、祖父母がいっしょに住んでいた。

二学期から欠席が目立つようになって、祖父母が良太郎くんをなじった。父親は単身赴任で不在だし、母親は良太郎くんをかばうため祖父母とぶつかった。学校へ行こうとしても行きづらいし、家にもいづらいし、苦しい日々だった。

とうとうある日、母親が「いっしょにおいで」と良太郎くんを連れて家出してしまった。たまらなくなったのだ。そして母親は祖父母と決裂し、アパート暮らしを始めた。

中学二年の二月頃に、母親が「東京シューレというところがあるのよ。見学に行ってみない？」と言った。その時は、知らないところで話し合っていることが気に入らなくて拒否した。母親はそれ以上のことは言わなかったが、一か月ぐらいすると退屈してきたこともあり、東京シューレに行ってみることにした。

もっと暗いところだと思っていたが、全くイメージしていたところとは違っていた。中学二年の終わりに入会した。

鉄道好きの友だちが何人かできて、いっしょに遊ぶようになった。全国の子たちが参加する夏合宿の実行委員会にも、友だちに誘われて参加した。

ホームページの作成、映像作品を作ることにも興味を持った。パソコンの使い方は全く知らなかったが、魅力にとりつかれて、もっといいものを作ろうと思うようになった。

良太郎くんは今、「ストーリー」を書くことに取り組んでいる。みんなでゲームを作ってみたいと思っている。絵、音楽、ナレーション、ストーリー、それぞれが自分の得意なものを引き受け、がんばっている。メンバーは最初三人しかいなかったのが六人になり、増えてうれしい。将来も、パソコンを使った創作活動をやっていきたいと思っているし、ネット販売も考えている。

最近、自分の経験をもとに、「いじめ」についてのノンフィクション風の小説を書いた。原稿用紙八六枚になり、それを母親が読んでくれて、記憶と事実に、いくつか違うことがわかったので整理してみた。

あの時こうしていれば、いじめられていないんじゃないか。そう考えると、いじめられている方にも原因があるのではないかと思った。母親とはそのことで意見がくい違った。母親はどんな理由があっても、いじめる方が悪い、いじめられる方が悪いということはない、と言うのだった。しかし今もそれは、どっちともいえないと思っている。

文科省の政策について特に反対することはないけれど、いじめた方を拘束すると、後でもっといじめるようになるのではないか、と心配だ。人は、何の理由もなくいじめていただろうか、そうは思わない。もっと深層のメンタル面を考える必要があるのではないか。最近考えるのは、いじめ経験を生かすことが大事なのではないかということだ。もう少し、自分のことを整理してみようと思う。八六枚の原稿を書いたのも、今、こうして自分の経験を話すのもそのひとつであると考えて、この本に協力したと、良太郎くんは静かな口調で語ってくれた。

「ふだんから安心して通える学校にしてほしい」

田中啓太くんの話

二〇〇四年、啓太くんは、東京シューレの一行、一六人のうちの一人として、インドで行われた世界フリースクール大会に参加した。

インドのNGOが運営する、ある子どもの施設に行った時、啓太くんは剣道の立ち回りをすることになった。とっさに、壁に立てかけてあった竹ぼうきを握りしめると、彼はさっと柄の方を切っ先にして、剣道の構えをした。ワイワイざわめいた空気が一瞬にして静かになった。ほうきをさっと振り下ろし、スキッと振り払われ、前へツツツーッと身体が進んだり、後ろに下がったりしながら、緊張した空気をかもし出した。とり囲んで見ている三〇～四〇人の子どもの目は彼に引きつけられていた。

終わると、一斉に拍手が起こったと同時に、インドの子どもたちが啓太くんを取りまいた。すごい人気で私たちは近寄れないくらいだった。啓太くんは子どもたちの頭をなでたり、肩車をしたり、インドの子どもより少しお兄さんという雰囲気だった。もみくちゃになりながら頬を赤くしていた、中学二年の少年だった。

そんな啓太くんが学校でずっといじめを受けていたということは、日常の東京シューレでは語られていないことだった。東京シューレに入会の時、母親から少し聞いていたに過ぎない。彼にとっては思い出す必要もないし、かつていじめを受けた日々の記憶は、つらくなるから話したくない気持ちだったのだろう。

でも二〇〇六年一一月、一二月のいじめ、いじめ自殺報道に、黙っていられなくなった。新聞やテレビの取材希望があった時、誰か経験を話してくれる子はいない？と聞くと、手を上げて立候補してくれた。たぶん四、五回くらいは報道機関のインタビューを受けている。おとなしい感じの啓太くんが、自ら語ろうとしたのは自分もいじめられ続け、いじめで自殺する子どものことがひとごとではなかったのだった。

全校児童数六百人くらいの小学校に啓太くんは入学。一、二年生では、まだからかわれることはあっても、深刻ないじめではなかった。

それが三年生で一変する。

クラス替えもあり、先生も替わった。あるグループがいろいろからかってきた。くすくす名指しで笑われたり、陰口をたたかれたりした。「ばかじゃねえの！」と大声で言われたり、何か言われて「ナニ？」と聞き直すと「何でもない。気にしないで、気にしないで」と、それを繰り返される。そのグループと同じようにクラス全員が調子に乗って、からかうようになった。

人として扱われるかどうか、瀬戸際だったと啓太くんは当時の様子を語る。

四年生ではもっとエスカレートして「菌がうつった」とさわがれた。体育はいっしょに組んでくれる子がいなくて地獄だった。二人で組む時は、露骨に排除されていることを感じる。それくらいなら「あまり」のままでいることの方がまだ自分を保てた。

遠足も大嫌いだった。好きな人同士で弁当を食べるので、いつも一人にされる。

遠足なんかない方がよかった。

母親には何でも話した。母親がぐちを聞いてくれたので、学校でつらかった気持ちがだいぶほぐれてストレス解消になっていた。初めのうち、母親も無関心で、たいしたことないと思ったのか「あ、そうなの」くらいで、真剣に取り合ってくれなかった。

机の中がきれいではなく、整理整頓はきちんとできない方だったので「あんたの整理整頓が悪いからよ。ちゃんと周りをきれいにしなさい」と言っていた時もあった。整理整頓にちょっとはがんばったけれど、いじめはなくならなかったし、啓太くん自身が苦手だった。母親もあきらめたのか、そのことはあまり言わなくなった。

四年生の後半はクラスの子だけではなく、高学年の子からもいじめられた。姉の友だちがいたから、高学年の子も知っていたのだ。姉の友だちは低学年の頃もいじめてきたことがある。いっしょに遊んでくれているのかと思ったら、いじめだった。家へ帰りたいのにどうしても帰してくれなかったことがある。日が暮れたのにどうしよう、どうしようと泣きそうになった。その日は遅く帰ったので親にこっぴどく叱られてしまった。

高学年になりクラスはまた替わったが、クラス全員が無視して「菌がついた」のいじめも続いた。

教室の自分の席では、みんなを意識したくないから机に伏せて寝たふりをした。本当に寝たら何をされるかわからないので、ふりをして過ごした。ところがほうっておいてくれない。鉛筆で突っつかれるのだった。「やめてくれ」と振り払うと笑われ、「寝てねえのかよ」といろいろからかってきた。

休み時間は教室にいられなくなって、さーっと図書室へ行くようにした。でも六年生の子がいて、「またいるよ」といじめてきた。保健体育の本を投げつけて、啓太くんに「片づけろ」と命令してきた。怖いからだまって片づけた。何人もいるし、かなわない。でもばかにされているのがたまらなくくやしかった。学校の中は教室も、廊下も、トイレも、グラウンドも、図書室も、どこも安心な場所はなかった。

心のなかで「ほっといてくれよ！」と叫んでいた。もう人間不信になり、家族と自分以外は誰も信じられなくなった。

先生の前でも、平気でいじめてきた。先生が「いじめをやめましょう」と言っても効き目はなく、一瞬は止まるけれど、また始まるのだった。

ある日、母親が東京シューレを探してきた。イギリスのフリースクールのことを知って、こんなのびのびできるところで学べたらいいかなと思っていたが、海外は無理なので、日本国内にもフリースクールがないかと探してシューレを見つけたのだという。その頃、啓太くんはいじめを受けていても必死で登校していたが、東京シューレの体験入学をきっかけに学校に行かなくなった。

東京シューレに入るには五日間の体験入学があり、そのために学校を休む。五年の三学期のことだった。体験入学して、シューレに入ろうと思った啓太くんは、学校を「逃げる」ことにしたと言う。シューレに入って、学校というものを見てみようと思ったそうだ。学校にかばんとかいろいろな持ち物を体験入学後、引き取りに行った。学校を去るとき、「じゃあね」と心のなかでつぶやいた。

「おれはこんなところ逃げるよ」

六年生になって、一日だけ学校の様子を見に出かけた。

たまに行くと珍しかったのか、みんな親切そうにわざとらしく話しかけてきた。手の平を返すようだった。何で親切にするんだと思った。クラスの反応が気持ち悪く、よけい人間不信になり、もうこういうところは信じられない、来たくない、と思った。

運動会にも一度行ってみた。担任は啓太くんのことを考えているというより「とにかく学校へ来い」と言っているだけで訳がわからなかった。

東京シューレに慣れ、気持ちも落ち着いてきて友だちもできた。でも、入会した最初の時は身構えていた。人を信じていいかどうかわからない、本音を出していいかどうかわからない、という気持ちが働く。学校と違うから大丈夫じゃないかという気持ちと、人間を信じていいものかどうか、という気持ちが折り混ざった日々を送ってきた。やはり、いじめられたことから人間不信になっているのは、そう簡単には変わらない。今もまだ、ちょっと周囲に身構えている自分を時々感じている。

でも、シューレに入って、人見知りがなくなったのは確かだ。あまりしゃべらなかったのが、ミーティングでも意見を言うし、実行委員会も入って活動している。こんな変化はあのまま学校にいたら絶対なかったと思う。

ただ不登校したことに、ちょっとだけ後悔がある。地区の運動会に参加したいのに行けないこと。なぜなら「どうして学校に行ってないの」と聞かれるからだ。反論できないし、行かなければならなかったのだろうか、と迷う気持ちにもなる。でも、不登校をしても、啓太くんなりに充実させていきたいと思っている。

今、剣道は初段で身心の健康のために、これからも続けるつもりだ。

夢は保育士になることだ。東京シューレ出身で保育士になったOBの話を聞き参考になったと言う。やさしく、柔和な性格の啓太くんには、合っている仕事だろうと思えた。

啓太くんは、自分の体験から、いじめ・いじめ自殺に対してこんなことを伝えたいと思っている。

いじめを受けている子には、ともかく、その人間関係をやめろと言いたい。逃げていると言われてもいいから、切ってしまうことを考えたほうがいい。その後学校へ行かないなら、フリースクールに通う方法もある。転校もあるかもしれない。

その子の親には「学校の言い分は聞くな。子どもの立場から説得しろ」と言いたい。親しか子どもの味方になれないのに、自分の体面ばかり気にして学校にいい顔したり、世間に取り繕うのはやめてほしい。子どもを学校に行かせていない親と見られるのを親は恐れているのではないか。親は子どものストレスのはけ口になるのがいいと思う。

いじめている子に言いたい。

自分のストレスを溜め込んで、人にぶつけることをやめてほしい。自分も何か傷ついているんじゃないのか。はけ口を作れ、と言いたい。つらいならつらい、と言っていいんだ。よく考えてみてほしい。

文科省に言いたいのは、今さらあわただしくやってもダメだ。子どもが死ぬからあわただしくやるんじゃなくて、ふだんから、安心して通える学校にしてほしい。本気になってほしい。国の責任があると思う。

——啓太くんは、そうおだやかに締めくくった。

「初めて語るいじめ」

坂本ゆい

私はこれまで、自分のいじめを誰にも語ってこなかった。未だにどう整理していけばいいのかわからない。

私は一四歳から一八歳まで東京シューレに通っていて、人前で自分の不登校経験を語る機会は多かった。シューレの説明会のほか、外部の講演会など、あらゆる場所で「快活な不登校児」として見られていた。

私が学校に行かなくなったきっかけはいじめである。ただ、いつもそれを言うだけに留まっていた。話せなかったのだ。

私は小学校入学前から、上級生に目をつけられていた。私には兄と姉が一人ずついる。二人とも同じ学校に登校していて、私が後から入った。二人ともすでにいじめを受けていた。

ほかの人が「坂本の妹が入ってくる」と噂をしていたことを知っていた。それがどういう意味を含んでいるのかも。上級生はもちろん、これから同級生になる人の一部からも、目の前で「あれが坂本だ」と指をさされ、知りもしない私のことを悪く言っていた。私は「なんだかものすごくひどいことをされているような」気がしたが、その時はむっとしただけで終わった。自分が悪く思われていることよりも、小学校への期待や、幼稚園からの友人たちとのつき合いなど、頭の大半は私が持っていた世界で占められていた。

私は、人からどう思われるかということにあまり気をとられず通っていた。あの頃の私は人とぶつかることを恐れていなかったので、そのままの私を出していた。そうしているうちに、「私を良く思っていない人がいる」から「私に対する攻撃」に変わっていた。攻撃は、主には悪口の類や仲間はずれであった。具体的にどのようなことを言われたのかはあまり覚えていないが、すごく惨めな気分になるようなことだった。私がいかに恥ずかしい人間であるのか、しつこいくらい言われたと記憶している。

私は、いじめを受けていることを誰にも話せなかった。

初め、私は私を攻撃する人たちのことをバカにしていた。そうやって私は自分を保っていた。しかし、だんだん気にしないようにはできなくなっていった。

ある日、いつものようにいじめられて帰宅し、玄関を開けたとたんに号泣したことがあった。母親にものすごく心配され、いじめられているのかと聞かれ、うなずいた。母は私に問いただした。誰に、何を言われたのか。どんなことをされたのか。言えない。ただでさえ惨めな気分なのに、それを言うことによって、自分の惨めさを確認することになってしまう。それに、言ってしまったら返り討ちが怖いし、言いつけるみたいな気分でいやだった。私も同じくらいひどいことをするという感覚もあり、それは人道に反していると思った。だから、母親の前で泣き崩れたことはとても不本意であった。

母は、犯人を見つけてメタメタにする勢いだった。母はひたすら「やられたらやりかえせ」と私に言った。母の言っていることは無茶苦茶だと思った。私は「できない」の一点張りしか言えなかったが、なぜわかってくれないのか理解不能だった。私は、母親が学校に乗り込むのを必死で阻止するのに精いっぱいだった。そんな事態になるくらいなら、自分がいじめられ続けている方がまだマシだとも思った。

そして、ついにそんな日々に耐えられなくなり、体調を崩し、学校を休み始める。が、周りの圧力や自分自身の意識から不登校し続けることができなくなり、すぐに学校に戻った。

それからの私は、自己主張することもなくおとなしくなり、気弱な子として扱われ、皮肉にも「いじめられる子のステレオタイプ」化していった。まるで兄と姉のような姿だ、と思った。

私は、自分がいじめを受けたのはきょうだいのせいだ、という発想になったことは一度もなかった。兄や姉が悪いわけない。でも、実は自分が人からきょうだいとして見られることを避けてきていた。ああいうふうには思われないようにしないと、という意識のもとで行動していた。しかし、私がどうであれ、いじめる子たちは最初から私のことなんて見ていないのである。あるのは、坂本家の三きょうだいというラベルだけだった。

二度目のいじめは、中学校であった。いじめはクラスのなかで常に起きていた。いじめの順番が私に回ってきたとき、「ああやっぱり」と思った。私はいじめられる子のステレオタイプ、下層の人間として見られていると感じていた。自覚があるから、私は小学校の不登校以後ずっと、そのイメージを払拭するための努力を絶え間なく続けていた。でも、人が一度持ったイメージを変えるのは非常に困難であった。私は中学校でも引き続き下層の人間だった。イメージチェンジができなかったのは、私の能力が足りないからだと思っていた。いじめられる私にまずい理由がある、とは思っていなかったけど、突き詰めていくとそういうことになる。

いじめの大半は、やはり悪口だった。陰口であったり、真正面から言われたり、時には授業中に堂々と言われることもあった。詳しい内容は思い出せないが、私がいかに下層の人間であるかを徹底的に見せつけ、下層からはみ出すことを決して許さず、押し込めるようなもので、かなり惨めな気分にさせるものであった。休み時間には、わざわざ私の机の周りにいじめる子が集まってきたり、歩くと通せんぼされた。誰も助けてはくれなかった。私は無視し続けながらやり過ごした。

学校に行けなくなったのは、いじめが終わって間もなくしてからだった。ほかの子がいじめられているのを目の当たりにしなければならないことが、死にたくなるほど耐えがたい苦痛だった。

私はむしろ、いじめられているときの方が学校にがんばって通っていた。地獄のようだったが、学校に行けなくなるというのは負けを意味していた。バカに負けるわけにはいかない。しかし、私は行けなくなった。私は負けたのだ。自分が下層の人であると、ついに認めてしまったのだ。これではクラスの人たちの思う壺じゃないか、と思った。彼らのなかで、私は最初から最後まで下層の人だと認識されているのかと思うと、くやしくてくやしくてやりきれなかった。不登校をしている時、私は小学校の時と同じように「みんなバカだ、世の中バカばっかりだ」と泣きながら母に訴えていた。でも、そのバカのパンチをまともに喰らっている私は何？　実際私は学校に行けていないではないか。言えば言うほど惨めだったけど、言わずにはいられなかった。

数か月の不登校の後、私は東京シューレに通い始める。私はシューレを知って、初めて自分の仲間に出会った気がした。私は比較的早くシューレに慣れ、数か月後には人前で自分の不登校体験を語っていた。初めはとても緊張したが、自分の話に真剣に耳を傾けてくれる人たちがいるというところから、充実感と解放感を持てた。そして、ほかの人の話を聞いたり、何度も話しているうちに、自分なりに不登校経験を整理していたつもりだった。

しかし、一五歳の時、私自身が大きく揺さぶられるようなことが起きる。ある日、シューレにテレビ番組の出演依頼が来た。それは討論番組のようなもので、不登校がテーマだった。私は子どもの一人として出ることになった。

シューレで、番組のプロデューサーと奥地さんと子ども何人かと話していて、いじめがきっかけで学校に行かなくなった子は私一人で、プロデューサーか誰かに、「いじめられる子にも原因があるとよく聞くが、そのへんどう思うか」というようなことを聞かれた。私は「よくわからない」と、その時の自分としては正直に答えた。が、後で奥地さんに「いじめられる子も悪いなんてことは絶対にないよ」と言われ、私はいかに自分がいじめについて整理できていないのか思い知ることになった。

自分の体験を話すことはなくても、それまで「いじめについて」は、シューレ内でディスカッションしていないわけがないはずである。人の不登校経験を聞き、いろいろな思いや考えを聞く機会もたくさんあったにも関わらず。

当時、私の周りではいじめられた経験を持っている子は少なかった。また、話を聞いていると明らかに苦しい経験なのに、「私はいじめられているという認識はなかった」と友人が言ったりしていた。そのようなことの積み重ねから、無意識のうちに、私の経験なんてたいしたことないのではないか、ただの人とのいさかいだったんじゃないか、誰にでもあることで、私が一人で「いじめられた」とわめいているだけなんじゃないか、と処理していた。それも、自分がいじめについて話せなかった理由のひとつである。妙な話だが、自分で自分の経験に自信を持てなかった。

私はシューレに入ってからそれまでに浴びてきた様々な思いや意見を、一人で吸収して、一人で納得させて、一人のなかに閉じ込めていたのかもしれない（いじめをしてしまう子もつらい、とか）。だから、実は私のなかで混乱が起きていたとしても、混乱にさえ気づかないでいたのだろう。なんだかインプットばかりしているような感じだった。もちろん、その時の自分としては無理やり納得しているつもりは更々ない。でも、どこか自分の体験というものを置き去りにしていたのかもしれない。なぜ置き去りにしていたのかというと、見つめることすらつらくて耐えられないからである。

テレビに出るのには理由があった。それは、ある種の復讐だった。私を最初から最後まで下層の人だったと認識している学校の人々への。無論、当時は復讐だとは思っていない。むしろ、「いじめていた人々を恨んだりしていませんよ。いじめる子も追い詰められているんです」と、いけしゃあしゃあと言っていたくらいだった。それは本心ではあった。でも今思えば、それも含めての復讐だったのかもしれない。許すことは復讐だったのかもしれない。

放映日、私はテレビの前に張りついていた。ＣＭに切り替わった途端、電話が鳴った。相手は、学校時代の友人だった。彼のところに、番組を見ていたほかの同級生から電話が来たということだった。効果は絶大だったのだ。彼らの反応の仕方、行動は怖いくらい予想通りで、滑稽に思えた。あの時私は、ひどく冷めきった気持ちと少しだけにじむ充実感とが入り混じったような、言い知れぬ思いでいっぱいになった。

――復讐は終わったはずなのに。

私には、昔から時々見てしまう夢がある。それは、私が学校の教室で、先生や生徒たちを前にして何かを言い争っている夢だった。夢のなかでの私は口が達者で、誰が何と言おうとこてんぱんに言いくるめ、その場にいた人々は圧倒されていた。その雄弁な立ち振る舞いは、まるでドラマや漫画のヒーローのようだった。それは現実の私とは全然違っていた。私は、最近までこの夢に苦しめられてきた。目覚めるとたいてい涙が出ていた。私はいつかこのような復讐をしないと気が済まないのか、と落ち込んだ。

私は一九歳の時シューレ大学に入学し、現在も学生である。ある日、大学の講座内でいじめについての話が出たとき、私は気づいたら泣いていた。泣いた自分に驚いた。

シューレにいた頃のテレビの一件も、その後すぐ自分の頭から遠くに行ってしまっていた。あの頃は、いじめの経験が自分にとって大きなものだとは思っていなかった。たとえいじめの話が出ても、つらくなることはなかった。いじめがきっかけで行かなくなったわりには、自分といじめは離れた関係だったような気がする。そうすることで自己防衛していたのかもしれない。

あの日を境に、いじめは私にとって思っていた以上に相当な傷なのかもしれない、と気になり始めた。

私はメディアのいじめ報道を見られない。テレビで流れればチャンネルを変え、新聞で見つければ目をそらす。それでも、連日のように情報が降ってくるこの社会では、いやでも目に飛び込んでしまう。私は、避けられなかった情報にぶつかる度に、ひどく心を揺さぶられる。それは、いじめられる側の報道に関してだけではない。数か月前のニュースで、アメリカではいじめる子を強制的に転校させる、と聞いた。そしてそれを日本でも取り入れ始めている、と。すさまじい気分になった。

今、日本で、学校のなかで何が起きているのか、知りたくないわけでも見つめたくないわけでもない。むしろ逆である。でも、ちょっといじめについて話をしている場にいたりするだけで、苦しくなって涙が出てくる。記憶としては遠くても、私のなかのどこかでは、まだ生々しく反応する。

いじめをどう考えていったらいいのかわからない。学校という場は、誰にとっても過酷だと思う。「いじめはいけない」といくら言ってもなくならないものだ。いじめが起きてしまうような場であることから見ていかないと解決への糸口は見つからない。

いじめか、いじめじゃないかが問題ではない。たとえどんなに良い環境にいたとしても、私が苦しかったことは苦しかったと言って良いはずである。それでも、私のなかではまだ「あれはいじめじゃなかったんじゃないか」「私がいやな奴だったから嫌われていたんじゃないか」という思いが燻《くすぶ》っている。

私はこの文章を書くにあたり、初めて自分のいじめ体験を振り返ってみた。そして、安心できる身近な友人たちと話をした。もう、それだけで私はとても不安定になった。いじめの経験も、「いじめ」自体も、未だに私の苦しみである。

私は、あの頃の私よりずっと楽になっているはずである。もちろんいじめられてもいないし、周りから相当愛されていると感じられている。私を一人の人間として、そのままの私をまっすぐ見てくれている。人とぶつかっても、最終的にはなんとかなっている。そして、今こうしてつらかったことを素直につらかったと言えているのは、以前よりある意味ずっと解放されているからなのである。しかし、認めたら認めたで、様々な発見、予感がつらく降りかかってくる。いじめのことは、現在自分が切実に抱えている苦しみとも、すごくつながっている予感がする。学校での経験が、自分の生きづらさの原点のような気がしてならない。でも、それを解体するために整理していくのも非常に苦痛である。今の大変さも昔の大変さも、そしてこれから起こりうる大変さもひっくるめたものが、巨大な津波のように押し寄せてきて私を飲み込む。どうしていったらいいのかわからない。

こうして自分の経験を振り返るだけでも、全身から血が噴き出してくるような気分になる。私はなぜこのような苦しみを抱えなければならないのか。私はなぜ生まれてきてしまったのだろう。苦しみから解放されたくて向かい合っているのに、苦しみを昇華させる前に死にたくなる。それは、大げさでも比喩でもない。

どうしたらいじめがなくなるのだろう。誰も死んでほしくない。なのに、私が死にたくなっている。

今、こんなに胸を痛めている私をわかってほしい。胸を痛めている、なんてものじゃない。どんな言葉を使っても足りないほどの苦しみがある。いじめを受けたこと自体も、私が死にたくなるのも、ものすごく理不尽な気がする。

私は、それを誰かのせいにはしたくない。いじめていた人を責めたいわけでもないし、学校が悪いとか社会が悪いとか、一言で済ませたくない。ただ、今の私の気持ちを、こんなに苦しい気持ちを、わかってほしいだけなのだ。

「あの時の気持ちで伝えたいこと」

須永祐慈

いじめだとは思えなかった

長い休み明けの初日。子どもにとって学校に行きづらい気持ちを持っているのなら、とてもつらい、重い気持ちを背負った日になると思う。新学期の四月、ゴールデンウィーク、夏休み、新年の一月。いじめを受けていた場合、学校から少しだけ身を離すことができたにも関わらず、再び学校へ足を運ばないといけないからだ。誰にとっても苦しい場所へ行くのはつらい。けれども、学校には行かなくてはいけない。だから自分の身体に鞭打って学校へと足が向かってしまう。

当時、小学校四年生だった私は、ゴールデンウィークを境にして、電池が切れるように、学校へ足を運ぶことに限界を感じるようになった。小学校三年生から四年生になった頃から本格的ないじめを受けていた私にとって、ゴールデンウィーク明けの日は学校が絶望の場所に感じられ、自らを半分死なせに行くような、とにかくつらく、苦しく、重い気持ちを背負っていた。五月三〇日、学校に行かなくなる。というより正確に言えば、学校に行けなくなる。体力も気力も、生きることさえも、何もかも限界だった。だから、ぼくは行きたくても行けない状態なのだと考えていた。

一九八九年一月七日、私は生まれ育った東京郊外の団地から、父の転勤で福島県へと転居した。小学校三年生だった私は、初めての引越しということもあって、期待と不安が入り混じるなかで、新しい学校へと通うことになった。正確には期待二割、不安八割といったほうがいいと思う。転校後、不安のなかで毎日を過ごしながらも必死にその学校になじもうと努力し、近所に友だちも数人でき、お互いに家を行き来したり、放課後遊んだりするようになった。表面的にはなじんだと思いこんでいたかもしれない。しかし、心の底には、なじめない、追いついていけない気持ちが残ったままだった。学校の空気になじむことが私にとっての最優先課題だったので、なじもう、なじんだのだと、自らに暗示をかけていたのだ。四年生に進級すると同時に先生が替わった。新しい先生は男性で、学校ではとても評判が悪かった。全校集会で、私のクラスの担任が決まった時、クラスメートが一斉に「エーッ」とため息をもらしていたほどだ。不安がつのる私にとって、この環境の変化は大きかった。

新学期になり、新しい先生とともに授業が始まった。最初は何事もなく過ぎたが、四月も半ばになってくると担任は、機嫌のいい時と悪い時の差が出始めた。機嫌のよい時は鼻歌を歌うほどに授業をテンポ良く進め、機嫌の悪い時には、よくわからないことで怒り散らし、ひそひそ話に対してはチョークや定規が飛んだ。クラスの空気がピリピリしているのがわかった。

その頃だっただろうか、気づくと私へのいたずらが本格化してきたのだ。机の中の物をいじられる、授業中にごみが投げつけられる。椅子に座ると同時に、椅子を引っ張られて床に転がってしまうなど、まるで教室中のストレスの矛先が自分に向けられているような状態だった。

本格化した、という話にはやはり積み重ねがある。四年生に進級する前から、クラスの人たちとの関係には何か落ち着かない思いがあった。転校後、不安のなかで過ごす私にとって、それは的中していた。

顔見知りの子や友だちといえるような子ができ始めた一方で、私にちょっかいをする子が出てきたのだ。たしか二月頃だっただろうか。授業中、後ろに座っていたその子は、授業がつまらなかったのか、何か用事があるかのように私の背中を突っついてきた。振り向くと、そっぽを向く。五分ぐらいたつと、再び背中を突っつかれる。後ろの子はにやけながらも、なんでもないそぶりをした。私はなんだろうと思いつつ、ふざけているのだろうと考えた。しかし、味をしめたのか、その後、回数が増えていく。三月になると手法も人数も多様化していった。そんななか、同じメンバーのまま四年生に進級した。

いじめが本格化してくると、最初は指で背中を突っついていたのが鉛筆に、それもとがったものへと変わり、頬も突っつかれるようになった。ノートの切れ端を丸め、頭の上にのっける、消しゴムを投げつけるなどのこともあった。それを見た隣の子がまねをするように、同じようなことを始める。斜め後ろの子も、ふたつ隣の子も。あれよあれよという間にその数は増殖し、私はいたずらの対象となっていった。私はイライラし始め、時に「やめてよ」と声を上げた。すると、先生は「須永、うるさいぞ！」と怒鳴りつけてきた。

いたずらは一度始まると加速する。授業の合間の休憩時間。トイレから帰ってくると筆箱の鉛筆が全部なくなり、机の中の物もぐちゃぐちゃにされて、一部ゴミ箱に捨てられていた。図工の授業で作った紙の工作が、翌日には壊された。下駄箱の上履きを隠されたり、ゴミ箱へ捨てられた。そんな出来事が続くと、人との関係もどんどん悪化してくる。休憩時間に話しかけても敬遠される、掃除の時間、気づかないうちにトイレ掃除を任される。いっしょに掃除をしていてもすぐに遊びに行ってしまい、結果一人でこなす。朝、「おはよう」と言っても、誰からも返事がない。私からのアプローチはすべて敬遠されていく。しかし、いたずらは収まらない。この頃から、ぼくはいじめられているのだ、ということを意識するようになった。

こんな悪循環が一か月以上続いた。仲良くしていた人からも無視され、時にはいたずらに加わるようにもなる。かわいそうと思って心配してくれていた女の子がいたが、敬遠せざるを得ない空気に飲み込まれ、態度が徐々に変わり、私を遠ざけるようになった。どんなことをしてもいじめは収まらない。クラスのなかでの孤立した状況は加速され、身体もこころも疲れきっていった。

追い詰められていくこの頃になると、自分の緊張もピークに達する。緊張が続けば、いつも心臓がドクドクと波を打つようになり、冷や汗を頻繁にかいた。授業の内容はあまり理解できなくなったし、給食の時間、緊張で次第に食べられなくなっていった。家に帰る時は一人、いつも道端を泣きながら歩いた。そして苦しくつらい毎日を送ることに耐えられなくなった。

もう限界だ、と思った。その時、とうとう母親に「学校に行きたくない」と言った。いのちの最後のエネルギーを振り絞るような気持ちで訴えたことを、今でもはっきりと憶えている。私は何もかも、ギリギリだったのだ。

いじめを受けていた時の「心情」

あれから一八年たった今、ふといじめられた時の心情を思い出してみることがある。するといくつものキーワードが浮かんでくる。

「つらい」「苦しい」「どうしたらいいんだよ」「ガマンする」「自分が悪いのだと

思う」「努力をする」「気を〝使う〟」「アンテナを精いっぱい張る」「心の置き場がなくなる」「人を信じることができない」「がんばる」。

それらの言葉を少し解説してみよう。

「つらい」「苦しい」は常に感じていたことだ。ただ、そのことをいじめられている時に意識することは少なかった。なぜなら、いたずらが始まった時点で、いたずらだと自分に言い聞かせていたし、そのような「弱音」を吐いてしまうと、自分がその時点で崩壊してしまうような気持ちがあったのだ。いやがらせが増えていくにつれ、つらさや苦しさの感情は徐々に膨らんでいった。時に泣いてしまうこともあったが、なるべく気持ちをため込もうともしていた。

いじめられている時に思うことは「どうしたらいいんだよ」ということだ。いやがらせは一方的に自分に向かってくる。相手に対してイヤだと伝えても収まるはずもない。なぜいたずらをするのか、それもなぜ自分だけに向かうのか、そんな質問をしたとしても返事は戻ってこない。やられればやられるほど、その思いは募っていた。だが私はいやがらせをどうやって止めたらいいのか、必死に考えてもその方法は見つからず、為す術がない。その時、私は「どうしたらいいんだよ」

と思い、脱力し、絶望感を覚えた。

　だから、ひたすら「ガマン」をしなくてはいけない状況になってくる。同時に「自分はどこか悪いのではないか」と思うようになるのだ。相手のいじめる理由がわからないとなると、その原因を自分に向けて探さざるを得なくなる。だから、鉛筆で突っつかれようが、トイレ掃除をなんとなく強要されようが、笑ってごまかすぐらいのことしかできなかった。精いっぱいの苦笑いをすることで、何とかいじめる側との関係を保とうとした。必死だった。この行為は「ガマン」する以外の何ものでもない。

　同時に、どんなに小さなことでも相手に合わせるように、様々な「努力」をした。一生懸命声をかけ、いじめている子に対して手下になるようなことも言ったことがある。またいじめられたことに対して、なぜやるのか、やられるのはいやなのだ、ということを必死に訴えた。時に、いじめる側とケンカをしたりもした。しかし、所詮それらは何の解決にもならなかった。それらの行動は「気を〝使う〟」ということにつながる。周りに気を遣うのではなく、自分の精神をすり減らしていくような感覚という意味だ。「気を使う」ことによって、何とか声を発し、努力し、ガマンする、いわば、ひたすら精神的エネルギーの消費をしていたのだ。

それでもいじめに耐える日々を送ると、四六時中いつも「アンテナを精いっぱい張る」ようになってくる。これは私の当時の表現だが、何をされるかわからない不安が、いつも神経をピリピリさせていたのだと思う。つまり何をされてもいいようにと、逆に神経をアンテナのように精いっぱい張り、やられた時に備えるための気を張っていたのである。この時にはもう、「心の置き場がなくなって」いた。自分が自分でないような、そんな気持ちになることもあった。学校に行かなくなる直前、つまり教室から距離を置く直前になると、その気持ちもさらに進み、どんな小声も、どんな視線も、どんな言葉も、どんな場面も、すべて自分へのいやがらせ、否定のように受け取ってしまう。そうなると「人を信じることができなく」なる。周りに期待していた気持ちを絶たれ、どうしようもない悲しみが襲ってくる。そんな積み重なった感情が、結果的に学校に行きたくないと言わせたのだと思う。

いじめられていた期間を通して言えるのは「がんばる」ことだった。そもそも転校してからすでにがんばってなじもうとしていた。いたずら、いじめへと発展するごとに、その「がんばる度数」は増加していった。私は、そのがんばるエネルギーを限りなく使い、最終的には自分をも捨てるような感覚までになった。がんばってきた自分にとって、いじめられることは、さらにがんばらざるを得ない環境へと追い詰められることになる。「がんばる」ことは、人を極限までに追い詰めることにもつながりかねない。実際に、私も「自分を亡くす」ほどに追い詰められたのだから。

そう感じた時、学校から距離を置くことになったわけである。

次に、親や教師の対応はどうだったのか、簡単に記しておきたい。

いじめを受けているとき、先生に二度だけ訴えたことがある。一度目はいじめがエスカレートし始め、クラスから浮いた存在として見られるようになった頃だ。「終わりの会」の後、先生に近づき、「授業中などで、持ち物を取られたりしました」と伝えた。その時の返答は、一度ぐらいのいやがらせかもしれないから、様子を見てみたらどうだ、ということだった。二回目はそれから二週間ぐらいたった頃だろうか、かなりエネルギーを使い果たしてきた頃のこと。再び「終わりの会」が終わった後に先生のもとへ行き、今度は「いじめられているんです」と話した。先生からの返答は、「まあ、いやがらせをしてくるやつも悪いが、そのようなことをされるお前も悪いんじゃないか。その性格を直したらどうだ」だった。帰り道、深い悲しみがこみ上げてきたのが記憶に残っている。その後、先生に訴えることはしなかった。信用できなくなり、更なる孤独を感じるようになった。

エネルギーを消耗し、日を重ねるごとに青ざめていく息子を見て親は気配を感じ、心配をしていた。その時、まだ耐えることのできた私は、無理をして、何もないかのような表情で何も話さなかったが、徐々に追い詰められていくと、「鉛筆がなくなった」など、断片的な、しかも簡単な出来事だけをこぼすようになった。それを聞いた母親はとても心配し、根掘り葉掘り聞こうとしたが、私はそれ以上のことを話さなかった記憶がある。話したくても話せなかったのだ。話してしまえば、自分を押さえているフタが開いてしまうのではないかという、そんな不安があったのだと思う。また学校に通報され、おおごとになることを避けようとしていた気持ちもあった。

いじめについて具体的なことを話したのは、学校を休み出して数週間たってからのことだった。しかし、それでも最初は断片的なものであり、両親が必死に聞きだそうとしていたので、ようやく話せたのだと思う。当時は、つらくて苦しくてしょうがなく、すべてのエネルギーを使い果たしていたのだから、整理して気持ちを言葉にすることなんて、できるはずもなかった。ようやく言葉にできるようになったのは、私が東京シューレに通うようになってからのことだ。

一般的にいじめやいやがらせのことを、親や先生に断片的に訴えた時、親や先生は「やり返してやれ」と言ってくることがある。やり返せるぐらいのエネルギーがあったら、とっくにやっている。がんばってようやく訴えることができたのに、その精いっぱいな気持ちに気づいていない大人は多い。

その後、私は二年半にわたり、いわゆる「ひきこもり」を経験した後、東京シューレに約八年間にわたって通い、さらに一九歳から「シューレ大学」へと進んだ。学校に行かなくなってからの出来事は、またそれはそれで大変で、苦しみの時期でもあり、一方では「生きること」や自分のことを考え、親子の関係を見つめる充電期間でもあった。これまでの経験は、以前出版した『僕らしく君らしく自分色』（一九九五年　教育史料出版会）や『学校に行かなかった私たちのハローワーク』（二〇〇六年　東京シューレ出版）などにある程度、書き綴っているので、それらも参照していただきたい。

大河内清輝くんのいじめ自殺報道

一九九四年の一一月、愛知県西尾市の大河内清輝くんがいじめが原因で自殺した。この事件の報道後、連日、次々と自殺していく子どもたちの様子を、私はテレビを食い入るように見ていた。

ちょうど私は東京シューレで、日常の活動を楽しんでいた頃のことだ。この自殺報道が盛んに行われていた頃、いじめを受けた経験者の話がほしいと依頼があり、東京シューレにたくさんのマスコミから取材があった。東京シューレに入会してから、徐々に自分のいじめや不登校体験をほかの人たちに話し始めていた私は、ほかのシューレの体験者とともに、迷わずマスコミからの取材を受けることを希望した。

自殺の報道がテレビや新聞、雑誌の紙面を騒がしているのを見て、私は腹立たしさがこみ上げ、悲しみの気持ちを抱いた。それは、自殺してしまった本人がどれだけ苦しかっただろうかと思いながら、自分の体験に照らし合わせていたからだ。同時に、その報道の加熱ぶり、特に犯人探しをするような取材方法にとても違和感を覚えていた。いじめで苦しんでいるのなら、学校から身を離すことが大切なのに、学校がどれだけ苦しい場なのかということがほとんど触れられていないまま、学校や行政の責任、自殺衝撃の大きさだけがクローズアップされていた。そこでは、学校のあり方にばかり目が向かって、当の自殺してしまった子どもの気持ちに焦点が当てられず、そもそも「子ども」自体が不在だったのである。

私はテレビや新聞、雑誌の取材に応じて、できるかぎり自分の経験をていねいに語った。しかし、その報道は時に、いじめ経験者の克服話として紹介され、また悲惨な子どもの事態として過激に紹介されることも少なくなかった。学校そのものが死に至らしめるほどの苦しい場所になっているのだから学校に行かなくてもいいんだよ、というメッセージは、正確に伝わらないものだなと感じた。

私がその当時、伝えたかったことは、子どもの気持ちが本当に理解されていない、ということだった。しかし、いじめ自殺が起きたとき、学校や行政ではいじめの事実の有無が話題になり、その責任の所在が追及された。また、早期にいじめの芽をつむための総点検も行われ、「いじめ自殺はいけない」「いじめがあったら早く親や先生に相談して」と、一方的なメッセージが発せられた。マスコミはいじめ自殺問題を連日熱心に報道していたが、一定の時間が過ぎてしまうとさっぱりその影は失せた。「熱しやすく冷めやすい」マスコミの体質が表れていた。

いじめ自殺を深刻に捉え、様々な場所で活発な議論や取り組みが行われていることは重要なことである。とはいえ、当の子ども自身の気持ちや、なぜ自殺にまで追い詰められたのか、いじめが起こる背景や、子どもたちの思いを深く掘り下げる視点は希薄であった。とにかく対策一本やりの表面的な議論で終始していたかのような印象さえある。子どものことが語られているのに、議論が子どもから遠ざかっている。腹立たしく思った。

とはいっても、東京シューレの子どもたちが取材を断わらずに受けてきたことは、よかった点もある。納得し難い報道でも、不登校で、フリースクールで生きることができるということを、渦中にいる人たちへメッセージを発信することはできた。また、いまだに暗く見られ、学校復帰を前提とする不登校の視点や、子ども目線ではない方策をとる世の中の状況を、私自身が直接感じることもできた。

さらに驚くこともあった。私も含め東京シューレの子どもを取材した朝のワイドショーを見たビルのオーナーが、テレビを見て知ったことをきっかけに、ビルの空きフロアをシューレの子どもたちの場として提供したいと申し出て下さったことだ。私はそのことをしばらく経ってから知り、新たなつながりが生まれたことにうれしくなった。マスコミが社会に与える影響は大きい、だからこそ、子どもの声をそこに反映させることは重要だ。

その後、東京シューレの子どもたちは、様々な形で動いていた。それは自らの体験談をシンポジウムや集会などで積極的に語り、訴える機会が増えていったことだ。そして、大河内くんの事件をひとつのきっかけとして『僕らしく君らしく自分色』の本を出版した。学校以外でも生きる道がある。そのメッセージだけでも苦しむ子どもたちに届いていたなら、おそらく自殺ではない道を選んでくれるのではないかと、それぞれの子どもたちが思いを綴った。このような動きをきっかけにして、わずかだが学校の先生や親たちが「子どもの声を聴こう」という姿勢を持ちはじめたことは、少なからず前進であったのではないか。

大河内くんの自殺のさらに約一〇年前にもあったいじめ自殺。その時の対策がほとんど生かされず、意味をなさなかったのではないかと思う人は少なくないはずだ。そして、二〇〇六年の秋に起きたいじめ自殺も、私が体験した当時と、マスコミや教育関係者の視点はあまり変わっていないのではないかと思う。学校が絶対的な場となっている限り、いじめはなくならないし、自殺まで追い詰められる子どもたちは後を絶たないのだ。

いじめられている子が求めているもの

今、いじめられている子がそばにいたら、どう対応したらよいのか。この点が、教師や親の多くが、長きにわたって悩んできたことであろう。

では、当事者はどうしてほしかったのか。再び当時を振り返って私の体験を取り上げてみたい。

いじめられている時に思っていたこと――。それは「休みたい」「休める場所がほしい」ということだった。いたずらをされている時、無視をされたとき、その瞬間瞬間で、ものすごいエネルギーを遣っていた。そのため、私は自宅に帰るやいなやすぐに寝ていたし、疲れすぎて食欲もなくなった。とにかく休める場所がほしかったのだが、だからといって寝ればいいという問題ではなかった。

「休める場所」というのは、緊張した空間から解放された安心していられる場所のことで、さらに言えば、自分の魂が戻ってこられるような、やすらぎの場所ということになる。私の場合、いじめを受けることによって、そのような空間はどんどん狭められていた。だからこそ、束の間でもいい少しでもほっとできる空間に戻りたいと、すがるような気持ちでいた。同時に身体も疲れている。だから明日のことは考えずにゆっくり眠れる時間がほしかった。のんびり深呼吸できる時間がほしかった。

追い詰められると、自分も狭めてしまう。だから自分が自分として生きていられる場所と空間、そして時間がほしい、と願うのだ。私がそのように求めていたものは、少なくとも私には、学校の空間には存在しなかった。

私が「休む」ことができたのは、学校に行きたくない、と思って親に訴えたからだった。それまでは、身を削って登校し、休むことを自ら拒んでいた。いや拒まざるを得ない状況にいたのだ。いじめられることは苦しい、そしてエネルギーを消耗してしまうので休む場所を確保することが必要となってくる。だからこそ命と引き換えに学校に行かないという選択をすることが大事なのではないか。

今の学校では「休む」ということが、子どもたちには保障されていない。私は多くの親と子どもたちに、「それほど苦しいなら学校に行かない」ことを声を強くして言いたい。

いじめの傷

〈心のよわい子〉

なんで　心のよわい子は
いじめられるのか
なんで
登校拒否をしなきゃいけないのか
友だちと外で遊んだり
いっしょに勉強したい

なのに
なんで　いじめられるのか
ぼくは
東久留米にいた時
いちばん　たのしかったのは
クラスのほとんどの友だちが
だれもさそわないのに集まってきて
みんなで遊んだことだ
それが一番しあわせだった
ぼくは
はっきり言って
いじめた子がにくい
ぼくはいじめられて
こんなにつらいということを
しらせたい

けれど
いじめる子も
おこられたりして
ちがう子を　いじめる
それで
心のよわい子をいじめる
世の中はめちゃくちゃだ

この詩は、私が学校に行かなくなって一年経ち、家で閉じこもり生活をしていた九歳の時に書いたものだ。いじめの苦しみはまだ抱え続け、不登校状態のなか、毎日必死に生活しながら、もがき苦しんでいた頃だ。

苦しい状態の時、この詩のように、私もいじめた子を憎んでいたようだ。ただ、その後、長い休みの期間を経て東京シューレに行き始めてから、加害者に対する恨みは、いつの間にか消えていた。

私の気持ちは、なぜ変っていったのか。

一番大きいのは、私を丸ごと受け止めてくれた存在がいたからだ。私の場合は身近にいた両親であり、後に通った東京シューレの仲間たちやスタッフたちだった。苦しい日々のなかで、ありのままに私の存在を肯定してくれた。自分が自分であっていい、という安心した空間にいられたこと、自分のやりたいことを尊重されつつ、のんびりと、そして活き活きと生きることのできる場所があったという点が大きい。つまり、自己を肯定できる人や場が、私にとってはなにより大切だったのである。自分を肯定することができるならば、過去の自分の体験を否定しなくてもよくなるのだと思う。また、自分の経験を振り返る余裕も生まれるのではないだろうか。

いじめにあった時、どうしたらいいか。とにかく「いじめ」の空間から身を離すことである。具体的には学校から距離を置くということでもある。

いじめの結果、苦しみの気持ちを自分の中でどう処理したらいいか。とにかく「休む」ことである。疲労しきっている身体をまず、休ませること。そして、ずたずたに傷ついたこころもまた休めることだ。さらに、つらい気持ちととことんつきあっていくこと。そもそも、いじめの気持ちは呼び起こされてしまうものだから、つき合わざるを得ないものだと思う。その気持ちを整理するには、自分の気持ちとつき合えるまでエネルギーを貯めることのできる場所が必要だ。そのためには、一番身近な家庭が休める時間と空間でなければならない。休むことができなければ、自分を否定し続けないといけなくなる。自分の気持ちにゆっくりと向き合うことができなければ、肯定などできるはずもない。自分の今の苦しさも含めて、自分でいいんだと少しでも思えるようになった時、気づかないほど小さなものかもしれないが、少しずつ気持ちが楽になって行くのではないか。私はそう思う。

だが、そんな経過を経たからといって、いじめのキズはすべてなくなるものではない。後々、日常生活のちょっとした場面で、昔のいじめのにおいを感じてしまうことはありえる。しかし、それは私にとって今ではたいしたことではなくなった。なぜなら、今の自分でよいのだと思えるからだ。自分には居場所がある、自分は存在していいんだということを少しでも感じられる場面があったなら、それは自分を肯定することになり得ると思う。

当事者が苦しい状況にいる時、とにかく自分の気持ち、自分が存在していることを必死に訴えかけ、受け止めてほしいと思っている。それはいじめている人に対しても、教師や親に対しても同様だ。なぜ、その思いが届かないのか、伝わらないのか。そのことの歯がゆさを今でも感じる。

話を聞こうとしてくれる人は、少なからずいる。日に日に青い顔になるわが子を見て心配している母親や、少しは話を聞いてくれそうな保健室の先生。最近登場したスクールカウンセラー。しかし、いじめの現場で本人たちの声が届いているとはなかなか思えない。

教師たちは、たいていいじめた側へと関心が向かい、いじめの事実の確認や、クラス全体の空気を乱さないようにと必死である。親は、誰にいじめられているのか、教師や学校の管理体制はどうだったのかといった点に関心が向かう。

目の前で苦しんでいるいじめられている子を直視せず、視線は他者に向かっている。周りを気にするあまり、当の子どもが見えなくなっているのではないだろうか。いじめられている子たちがいじめの事実を表出しようとしないのは、そんな大人たちの視点をあらかじめ察知しているせいではないのか。私もまた、そのようなあきらめの気持ちを背負い、自分のいる場が狭められていた九歳の頃を思い出す。

大人たちの視点はどこに向けられているのだろうか。その子の目の前にある〝苦しみ〟を見ようとしているだろうか。その子の今の状態が見えなくなっているとしたら、現状が変わる可能性はとても薄いと思う。

いずれにせよ、苦しみを抱えざるを得ない子どもたちは大勢いる。だからこそ、その時に本人の気持ちに目を向け、受けとめ、休ませてほしいと思う。

いじめ対策の視点が子どもの気持ちに向けられていない。子どもの持っている苦しみさえも消そうとし、子どもの存在を否定してしまっている。本書の出版に携わっている者としても、そのことを一人でも多くの人に気づいてほしいと願うばかりである。

パート
2

ジャーナリストの目に映るいじめ

江川紹子

現実から出発し、現実を変えていく

江川 紹子

いじめ問題の難しさは、その全容がなかなか把握しづらいことも一因だろう。

子どもがいじめを告発する遺書を残して自殺した後の報道を見ても、しばしば「じゃれ合っているだけだと思った」「そこまで深刻だとは思わなかった」という趣旨の同級生や教師の発言が紹介されている。この同級生は、いじめる側に近い立場なのかもしれないし、教師は子どもたちの様子をよく見ていなかったのかもしれない。ただ、いじめられている子どもが笑顔で耐えていたために、当事者以外はいじめに気づかなかった、ということも十分ありうる。

相手が一人や二人なら「からかい」ですまされる行為でも、クラスの大半となれば、受け手のダメージは何十倍にふくらむ。それでも、殴る蹴るの暴力なら目に見える痕跡が残り発覚しやすいが、言葉によるいじめは、被害者からの訴えがなければ、その心に残された傷の深さは、周囲の大人たちにわかりにくい。

しかも、単純に子どもたちを「いじめっ子」と「いじめられっ子」に二分できない。いじめの被害者が、さらなるいじめを恐れ、心ならずも加害者の側に回ってしまうことがある。逆に、いじめをしていた側が、ちょっとしたことがきっかけで、いじめられる立場になったりすることもあるようだ。

たとえば、一月末に飛び降り自殺した千葉県内の中学二年。その直前に同級生に重傷を負わせる集団暴行に荷担し、教師の指導を受けているが、実は彼はそれまで、むしろ無視されるなどのいじめを受ける側だった、という。

いじめの問題は、かくもわかりにくい。だから難しい。けれども、私たちはなんとか実態を知る努力はしなければならない。できる限り当事者たちの話に耳をかたむけ、「何があったのか」という事実と「どう思った（感じた）か」という心境を丹念に聞いていくことから始めるしかない。

しかし、いじめの渦中にいる子どもは、なかなか自ら事実を語りたがらないことがしばしばだ。大人に相談することでいじめがひどくなるのではないかという脅えや、両親を心配させたくないという思いやりから、尋ねられても、いじめられていることを隠したりする。周りの大人を信頼しないためばかりでなく、子どもの方が気を遣っている場合があるから、本当に難しい。

過去にいじめを経験した人も、語れば心の傷が再び疼く。そんななかで、つらいいじめられ体験をあえて語ったこの本に登場する人たちの勇気に、私はまず感謝をしたい。

なにしろ、現実を十分に把握しなければ、どうしたらいじめ被害をなくせるか、対応策など考えることもできない。この証言のなかには、今起きている現象を考えるヒントがたくさん詰まっている。

たとえば、徳沢良美さんはお金を取られたうえ、万引きに引き込まれた時も、「断ればいじめがひどくなるのでは」と思うと断れず、心ならずも仲間に加わった。罪悪感と恥ずかしさで「死にたい」とまで思ったと、彼女はその時の心情を述べている。

私は、徳沢さんの体験談を読みながら、自殺した千葉の中学生と重なりあうものを感じた。いったい何が彼をそこまで追い詰めたのか、当人が亡くなっている以上、真相は永遠に分からない。けれど、ほかの人たちの体験から、彼の心境を忖度《そんたく》することはできる。

いじめがあっても、教師の対応によって、救われる子どももいる。山崎純司くんは、小学校六年生の時に初めて、本気で対処してくれる先生に出会った。その先生は、いじめている子を本気で叱ってくれたらしい。山崎くんも安心できて、卒業するまで学校に通えた。ところが、中学になって部活でいじめられた時には、先生は見て見ぬふりだった。

子どもが勇気を出して先生に事実を訴えても、親身になってくれないどころか、信じられない対応をする教師もいる。吉城ひとみさんの場合は、急に学級会が開かれることになり、その冒頭に教師が「吉城さんのイヤなところ、やめてほしいところを言いましょう」と呼びかけたのだという。

教師も対応に悩むことも多いに違いない。たとえば、ケンカといじめの境界をどうやって見極めるか。ケンカなら両成敗でいいだろうが、いじめとなればまったく違った対応が求められる。ただ、この見極めはとても難しそうだ。三浦良太郎くんが小学三年生の時の担任にしても、いじめられている子を助けようと一生懸命だったのだろう。三浦くんは教師の対応が一方的に過ぎると感じただろうが、相手の子の方は、先生の毅然とした態度でいじめから救われた、と思ったはずだ。自分の一言が新たないじめのきっかけを作ってしまうとは、教師もまったく考えていなかっただろう。教室での教師が子どもたちに及ぼす影響の大きさを改めて考えさせられるエピソードだ。

体験者の話を読んでいてつくづく思うのは、やはり親や親戚など身近な人たちがどう対応するかが、本当に大事だ、ということだ。自殺まで考えた徳沢さんは、お母さんが「学校に行かなくていい」と言ってくれたので、救われた。三浦くんもお母さんのがんばりで、安心できる環境に避難することができた。

家族が、いじめられている子の苦しみを増加させてしまうこともある。私が出会ったある女の子は、学校でのいじめには耐えていたけれど、やっとの思いで相談した親が理解をしてくれなかった時に絶望し、最初のリストカットをした。

「学校は転校することができるかもしれないけれど、家族は替えられないですから」という言葉が印象的だった。

最近では、学校内にとどまらず、携帯メールやインターネットを使ったいじめも横行している。メールで悪口を言いふらしたり、「弱虫」とか「死ね」といったメッセージを送りつけたり、あるいは携帯カメラで撮られた恥ずかしい姿を回されたり……。

学校が、携帯を持ってきてはいけないという建前にこだわって、なかなか踏み込んだ指導をやろうとしないだけでなく、心ある教師がなんとかしたいと思っても、学校外での行為となると対応が難しいのも事実だ。

しかも、いじめる側の子にも様々な事情がある。たとえば徳沢良美さんは、万引きを誘った子どもたちも、親から虐待を受けるなど、家庭的に恵まれていなかったことを後に知った、という。

このような現状を踏まえて、どうすればいじめの被害をなくせるか、減らせるか、という対応策が議論されなければならない。

ところが――。

子どもの自殺が相次ぎ、文科大臣宛に自殺予告の手紙まで寄せられるような事態になった時、伊吹大臣は次のような子どもたちへのメッセージを発表した。

〈だれにでもいいから、はずかしがらず、一人でくるしまず、いじめられていることを話すゆうきをもとう。話せば楽になるからね。きっとみんなが助けてくれる。〉

私はこれを読んで、頭を抱えてしまった。

話せば楽になる――下手なドラマの刑事のセリフじゃあるまいし……。「みんなが助けてくれる」というけれど、そういう信頼が持てないからこそ、子どもたちは苦しんでいるのではないか。

いじめる側に対する大臣の呼びかけはこうだ。

〈弱いたちばの友だちや同級生をいじめるのは、はずかしいこと。（中略）ひきょうなこと。（中略）今、やっているいじめをすぐにやめよう。〉

おそらくベストセラー本の受け売りなのだろうけれど、これがいじめている子どもたちの心に響くだろうか。徳沢さんが語っているように、いじめる側にも家庭的に恵まれないなどの事情がある場合には、そちらの手当もしなければ、根本的な解決にならない。

けれども日本の社会は、実情を知り、原因を分析して、背景を考察するより先に、責任を追及したり、対策を立てる方ばかりに走りがちだ。

首相の肝いりで設置された教育再生会議なる有識者会議もそうだ。首相官邸のウェブサイトで開催状況を確認しても、いじめの体験者に対する聞き取りは一度もなされていない。体験記などが資料として委員に配布された痕跡もない。大半の委員が教育の現場を知らないというのに、現実を知るための時間も手間も割かず、ひたすら「対策」だけを話し合っていたのだ。いじめの問題に限らず、この会議では委員たちの資料は基本的にお役人が用意した書面だけ。いじめに関しては、文部科学省が作成した統計（これがいかに実態を表していないかは、すでに明らかになっている）や「文部科学省のいじめ対策について」なる文書が配られている。しかも、委員からは資料について「一枚でわかるような要約をつけて欲しい」という要求が出されており、果たしてお役所の資料すら全部読まれているのか疑問だ。

そうしてできあがった提言を受けて、文部科学省は「いじめなどを再三注意しても改善しない場合も出席停止措置を活用できる」という方針を打ち出した。いじめる子を学校から追い出して、その後どうするのだろうか。

提言では、その前に個別指導や別室での教育をするように、とは述べられている。しかし、今の教員の体制でそれが可能なのだろうか。教師の方も、心を病んで休職したり退職をする人が激増している。うつ病などの精神性疾患で休職した公立小中高の教職員数は、二〇〇五年に過去最高の四千百七十八人に上った。実際、まじめに子どもと向かい合っている教師たちは、部活の朝練のために早くに出勤し、プライベートの時間でも携帯電話に子どもや親から連絡が入れば対応し、休日も部活で休めないなど、それこそいっぱいいっぱいの状態だ。

さらに提言では、いじめる子どもたちを社会奉仕などの体験活動を通じて指導しろと言う。だが、地域社会がかつてのようには機能していないなかで、その指導を誰が引き受けるのだろう。

せめて、教師の大幅増員を主張すれば、この提言も現実味を帯びるだろう。だが、役所主導の有識者会議ではそれも無理らしい。「総掛かりで」のかけ声はいいけれど、現実から出発しない対策が、どの程度の実現可能性があるのだろうか。

もうひとつ、〝いじめ対策〟で見逃されているのは、子どものいじめは大人社会の反映である、という点だ。

大人社会にもいじめはある。たとえば、少々古い話になるが、イラクで三人の若者が武装グループに拘束され人質となった事件が、私にはいまだに忘れられない。三人と家族は、誘拐事件の被害者であるにもかかわらず、「日本から出て行け」「早く死んでしまえ」といったすさまじいバッシングを受けた。まさに日本社会「総掛かり」のいじめだった。

しかも、日本の社会は不正を告発した者を大事にしない。一連の耐震偽装を最初に告発した検査会社は、どういうわけか一番重い処分を受けて廃業に追い込まれ、社長は刑事罰を課された。勇気を出して、事実を明らかにした者が、一番損をした格好だ。なのに、子どもたちにのみ「勇気を出していじめを訴えよう」などと言えるだろうか。

命を大切に——そう大人たちは子どもたちに説くけれど、日本は毎年三万人もが自ら命を絶っている社会なのだ。さらに日本の政府は、アメリカのイラクに対する侵略戦争を、いち早く「支持」した。その戦争のために、少なくとも六万人ものイラクの民間人と三千人の米兵が命を失った。しかも、アメリカが大儀として掲げた、大量破壊兵器などイラクにはないことは、開戦前にすでに明らかだった。にもかかわらず、「あの時の判断は間違っていた」と認めて反省した政治家は誰もいない。

子どものいじめが陰湿化しているとすれば、それは大人の社会が陰湿化しているからだ。インターネットの世界でも、匿名性を利用して、口汚い中傷、差別、いじめが横行している。

そういう大人社会の問題を棚に上げ、子どもに対してだけ、「いじめは卑怯だ」「命を大事に」「みんな仲良く」と言っても、説得力がないような気がする。

もちろん、いじめられている子どもを助ける〝対策〟が待ったなしだというのは、その通りだ。とりあえずの対応はしなければならない。だが、この問題に本気で向き合おうとするならば、現実を知り、問題の根を掘り下げる必要がある。

いじめを受けた人たちの体験から学ぶと共に、次はいじめた体験のある人たちもぜひ勇気ある証言を寄せていただきたい。そういう体験を共有し、少しずつ知恵を寄せ合っていけば、今よりいい〝対策〟ができるかもしれない。

現実から出発し、現実を変えていく。本書に収録された体験談は、そのための大きな一歩を記してくれたような気がする。

（えがわ・しょうこ）

一九五八年、東京生まれ。早稲田大学政経学部卒業後、神奈川新聞に入社、記者として勤務したのちに独立。冤罪や新宗教などの困難な問題にとり組み、一九九五年、一連のオウム真理教追跡報道で菊池寛賞を受賞した。テレビ番組で若者たちのトーク番組のインタビュアーとしても活躍。著書に『「オウム真理教」追跡2200日』『私たちも不登校だった』（文藝春秋社）『生きる力を育むために15の知恵』（時事通信社）など多数。

パート

3

文部科学省に聞く いじめ・いじめ自殺対策

銭谷眞美×奥地圭子
（初等中等教育局長）

北海道と福岡のいじめによる、自殺の問題を受けた取り組み

奥地　最近になって、再びいじめやいじめ自殺の報道があり、社会的にも問題となっています。文科省としては、いじめ問題はこれまでも取り組まれてきたと思いますが、今回のいじめやいじめ自殺については、どのようなことを取り組まれているのでしょうか。それは、どんな考えから対策をとられたのかを合わせて伺いたいのですが。

銭谷さん（以下敬称略）　平成一八（二〇〇六）年の秋に北海道滝川市と福岡県筑前町での、いじめによる自殺が社会的な関心事になりました。そこで全国の様々な学校でも、そのような可能性があるのではないかということで、世の中のみなさんもいろいろと心配されました。

そこで私たちは、平成一八（二〇〇六）年の一〇月一九日に、全国で生徒指導

を担当している教育委員会の方を緊急にお呼びして、会議を持ちました。文部科学省としては、事前に、北海道の滝川市と福岡県の筑前町での現地調査を実施しまして、問題点や課題、教育委員会や学校の取り組みなど、現地調査の状況を報告しました。そして、これからのいじめの問題について、学校・教育委員会として何をどのように見たらいいのかについて通知を行いました。合わせて、各教育委員会からいじめの状況やそれに対する取り組みについて報告をつごう一〇件ほどについてしていただいて、情報を共有しました。

その後の一〇月二四日には、文部科学省で「子どもを守り育てる体制づくり推進本部」という組織を作りまして、いじめの問題について省として取り組む体制作りを行いました。子どもに関わる問題は、初等中等教育局だけではなくて、社会教育を担当する機関や、ほかの青少年育成の担当局などもありますから、関係局のみなさんにも集まっていただき、きちんと取り組もうということになったわけです。推進本部で検討したことは、年が明けまして平成一九（二〇〇七）年一月一九日に、「いじめ・自殺問題に対する取組について」という中間のまとめを出し、ホームページで公開することとしています。

また一一月一五日に、兵庫教育大学の梶田叡一学長を座長にした有識者会議を少数精鋭で設置しました。委員には精神科医の香山リカさんや、民間人から校長になられた杉並区立和田中学校の藤原校長先生、長く電話相談の活動をされているチャイルドラインの牟田悌三さんなどに来ていただいて、いろんな分野からの専門家のご意見を伺いました。この会議は、平成一九（二〇〇七）年二月二七日に報告書を出しています。

それから、一一月一七日に、「文部科学大臣からのお願い」という大臣アピールを出しました。大臣自身、この問題に対して大変心を痛めておりまして、いじめている子どもや、いじめられている子ども、学校の先生、社会一般の方々へ向けて、いじめに対してのメッセージを発しました。これは全国の学校に出されていて、子どもに持ち帰ってもらえるようにしました。

以上の取り組みが、いじめによる自殺が起きたことを受けまして一か月間に行ってきたことです。

また、別の動きとしては、平成一八年度中に執行する補正予算の関連がありま す。この予算を生かして、大きくふたつの取り組みを行いました。

ひとつは、スクールカウンセラーの学校への配置を教育委員会にお願いしておりますけれど、そのカウンセラーによる相談を受けられる時間をもっと増やしていくということです。カウンセラーの方々は非常勤ですから、限られた時間しか学校にいませんので、二月、三月にかけては、その時間を増やせるようにしました。そこで、子どもたちの声を聞いてもらう体制を更に整えました。

広げたカウンセラーと電話相談体制

奥地　「子どもの声を聞く」というシステムが一番大事ですね。いじめはすぐにはなくならないでしょうけれども、声がつかめる、あるいは声が子どもからも出しやすいことが非常に大事だと思います。今の話をくわしくお聞きしたいと思います。

カウンセラーについてですが、一九九五年頃から多くのスクールカウンセラーが各学校に配置されてきました。現在は以前と比べてたくさんのカウンセラーがいますが、子どもたちのいじめ自殺まで追い詰められている現状は続いています。

これはどのように考えたらいいのでしょうか。

銭谷　今回の補正予算でスクールカウンセラーが長い時間、学校にいられるようにしたのも、実は、スクールカウンセラーは学校にいる時間に限度があることからです。一週間に八時間から一二時間ぐらいなんですね。だから相談したいと思っても、実はスクールカウンセラーがいないという状況が生じてしまいます。そもそもカウンセリングというものは、一人ひとりにいろいろ話を聞かなくてはいけませんから、とても時間がかかります。その意味で、もっと子どもの声を聞く体制を充実しなくてはいけないと考えています。

それから、もうひとつ行ったのは、電話相談を二四時間、休日や夜間も受けられるようにしたことです。今までも教育委員会では電話相談をやっているのですが、夕方で終わるなどのことが多かった。すると子どもが夜、独りになったときに相談したくても受け手がいない状況がありました。そこで、補正予算を活用して、全国の都道府県と政令指定都市の教育委員会の計六二か所を中心とした二四時間の電話相談体制を整備しました。

奥地　どのくらいの電話が来ているのでしょうか。

銭谷　三月一日に公表した運用状況によれば、二月七日から三週間では、おおよそ一週間に一〇〇〇件程度の電話がありました。特に夜間、休日が多く、半分は夜間、休日に電話がかかってきていることがわかりました。

奥地　この電話を受けられた後に、動かれていることはありますか。

銭谷　はい、あります。電話相談員は先生のOBや教育センターの職員などが担当しているのですが、たとえば、匿名でお電話があって単純に聞いていただきたいというときは、まず、聞きます。そして助けてほしい、つまり学校での指導改善を求めたりSOSサインの際には、受けた担当者が学校を所管している教育委員会に伝えるとか、各機関にお伝えしています。まさにそこまでつなげないと意味がありませんから、そのような形で取り組んでいます。

それともうひとつ、電話相談の番号を紹介したカードを子どもたちに渡していきます。今紹介した教育委員会などの電話相談の番号だけではなく、チャイルドラインの番号も含めて、全国統一の電話番号と、それぞれの県のなかにある民間団体を含めた別の電話番号を列記した形で、都道府県にお願いをしてカードを作って配っています。

奥地　チャイルドラインは民間の活動ですね。公的のみとこだわらず、官民いろいろ力をあわせてやろうではないかというスタンスで取り組んでおられると思っていいわけですね。

子どもたちのいじめ、いじめ自殺を防ぐには？

奥地　いじめ問題を受けての対応を聞きましたが、子どもたちのなかには、それでもいじめがすぐに止まらなかったり、ヘトヘトになって大変な思いをしている子どももいると思います。

私たちが、自殺にまで追い詰められることを防ぐことについて考えると、学校で起きているいじめの現場から身を離すとか、逃げるとか、あるいは学校を休んでいいとか、学校以外のフリースクールに行くこともひとつあるのではないかと考えることが、いじめによる自殺を防ぐと思っています。子どもたちからもそのことを聞いてきてほしいと言われておりますが、そのあたりの考えはいかがでしょうか。

銭谷　いじめの問題についての私どもの認識は、まず「どの子どもでも、どの地域でも起こりうる」ということです。二点目は「いじめというのは人間として許されない」ということです。人を傷つけるわけですから人間として恥ずべき行為だと、そういう認識を持って、いじめられている子どもを徹底的に守ろうというのが基本的な認識です。それは、先ほどの取り組みで発した通知でも示しています。

三点目は、いじめている子どもを傍観している子どもにもきちんと指導しなくてはいけないこと。いじめは許されないということで指導していかなければいけないし、それから傍観することがどういうことを意味するのかを指導していかなければいけないと考えています。ただ気をつけなければいけないのは、いじめというのは立場が入れ替わったり、どうしてその子がいじめるのか、どうしていじめられるのかは背景がいろいろあります。個別の状況に応じて慎重にやらなくてはいけないだろうなと思います。

四点目は、いじめの問題を隠さないでほしいということです。私どもが行っている調査では、いじめの件数が多いとか多くなったという数のみの判断ではなく、いじめを隠さず、早期に認識して、早期に対応するという方針です。ですから報告件数は増えてもしっかり対応されていれば、それでいいのではないかと考えています。

それから五点目は、担任一人で抱え込まないということです。学校全体で考えるべきですし、あるいは学校だけでは対応できない場合もあります。そのような場合は、教育委員会や関係機関と連絡を取って、対応してほしいと考えています。

最後六点目は、家庭とはやはり緊密に連絡を取る必要があるということです。いじめの問題を考えたときに、もしかしたら家庭で気がつけば事前に防げたのかもしれませんし、学校が気がついたことを家庭に連絡していれば防げることもあったりする。家庭や地域社会のなかで取り組める内容もあるということです。

以上は、いじめ問題そのものへの対応ということですけれども、それ以外にも日頃から先生や学校が意識して、いじめは絶対に許さないということをしっかり考えるとか、あるいは生徒自ら考えることなど、日常的なことから地道に取り組むことが必要だと考えます。

そのような考えを整理してきたものを、最近「いじめ問題に関する取組事例集」という冊子にまとめています。

また、有識者会議のなかでも参考の事例集を出しました。いろんな見方があると思いますけれど、具体的にいじめの問題が出てきた時に、このような対応をしたらどうでしょうかという、ややノウハウ的なものを載せた冊子です。

そこで、本題に入りますけれど、いじめで困っている時には、いじめられている子どもを休ませたり、人間関係がこじれたときは転校させるとか、そういうことも場合によってはありうると思います。

それから、いじめのことが原因、背景となって不登校となった時には、適応指導教室に行ったり、フリースクールにお世話になるということもありえることではないかと思います。ただ、願わくばいじめの問題の解決に向けて学校が取り組んでいただくというのが基本だと思いますし、見方によってはいじめられている側がどうして転校しなくてはいけないのかとおっしゃる方もいますので、ケースにもよるのだと思います。ですから、いじめている子を場合によっては出席停止にしたり、あるいはいじめている子について別室で指導することもあると思います。

奥地　教育再生会議で、いじめている子を自宅待機や別室登校させるという話がマスコミに流れたとき、東京シューレに通う子どもたちは、いじめている子を自宅待機ではなく、いじめられている子を自宅待機にすべきではないか、それだったら、すごく安心できるし話がわかると言っていました。だけど、実際には逆の方針であり、それでは解決しないよな、ということを言っていましたが、それはどう思われますか。

銭谷　両方あるんじゃないでしょうか。ケースによるのではないかと思いますね。

平成八年の通知などでは、いじめられた子どもの緊急避難としての欠席や、転校なども場合によって認められるとしています。

いじめの問題は昭和六〇年ごろから、鹿川くんのいじめ自殺がありましたが、その頃にも会議が持たれ、今回は実質三回目になります。以前から転校ということもありうるとしているところです。

いじめ自殺「ゼロ」の結果とは

奥地　もともと問題になっていたことですが、いじめ、いじめ自殺が「ゼロ」という結果報告がありました。それが最近見直されて二件あったという形に変わりましたが、なぜそのような状況になったのでしょうか。一般の感覚として修正されても本当はまだあるのではないかといった声もあります。「ゼロ」というなかに、いじめは減少させないといけないという方針があることが影響して、教師としての査定などに関係しているところがあるのではと考えられるのですが、その点はどう思われますか。

銭谷　いじめの調査は昭和六〇年から実施していますが、平成六年度に調査方法の見直しを行っていて、今回更に見直しを行ったところです。自殺はいろんな原因が複雑に絡んで発生するものですが、今までの調査が「自殺の主たる理由をひとつ挙げてください」という回答の形になっておりますから、なぜ自殺したのかというところが、なかなかつかめないことがあります。平成一一年以降、自殺の主たる理由が、いじめであるとされたものがなかったことは事実です。国会でも議論され、指摘されたいじめ自殺の件数は二八件ありました。それに関して、もしかしてと思われることを含めると、四一件の事例があり、教育委員会に調べ直しをお願いしました。結果、一件は自殺ではなくて事故死だったことがわかりましたが、四〇件はやはり自殺でした。そのうちの一四件は、自殺の前にいじめがあったということがわかりました。

そのようなことから、文科省は、いじめの定義を見直しましたし、自殺については主な理由だけをあげてもらう方法ではなくて、亡くなる前にどういうことがあったのかということを調べることにしました。原因は断定はできないと思いますが、調べ方に無理があったので、修正しました。

いじめが関係していると考えられる一四件の自殺件数のうち、今までの調査方法であれば、一四件のうち平成一一年度から一七年度については二件があがってきます。だけれど、実態を反映していないので、調査の仕方を変えたということです。

いじめ自殺の背景とは

奥地　いじめやいじめ自殺が発生してきている陰に、子どもたちの社会のなかで相当ストレス度が高かったり、休みにくかったりすることがあると、起こるのではないかと私たちは考えています。ゆとり教育の見直しが行われていますが、不登校減少作戦が各現場で取られていたり、子どもたちにとって勉強のプレッシャーが強くなったりすると、やはり子どもたちにとって苦しい状況になるのではないかと心配している声があります。そのようないじめ、いじめ自殺の背景とからめた状況はどのように考えていらっしゃいますか。

銭谷　ひとことではなかなか言えないと思いますが、社会全体が変わってきていることがあると思います。家庭や地域での子どもの生活が変わってきています。勉強の仕方も変わっています。また成長期のなかの子どもの集団のなかでは、どの集団にも昔からいじめがあったといえると思いますし、集団生活のなかではそのようなことが必ず起きると思います。

先生と家庭、地域との関係も変化しているのではないかなと思います。先生に対しての親の要望も多くなってきていると思いますし、先生の側も、そして子どもも一人ひとりにしても変わってきています。背景はいろいろなことがあるのだと思います。

次に、昭和五二年の指導要領で、「ゆとりの中で充実した教育」ということで、あまりたくさんのことを教えるのではなく、基礎基本をしっかり教えて、その上で自ら考えていく力を育てる教育へと変えてきました。

現在の指導要領は、平成一〇年に改訂されたものですが、基本的にこのような考え方に立っています。この指導要領については、学力低下をもたらしたといった批判が出されていますが、基礎基本をしっかりと教え、身につけさせた上で、それを活用しながら、子どもたちがやりたいことを見つけて、考えていく力を持てるようにするという今の指導要領の考え方は、間違っていないと考えています。ただ、そのためのいろんな手立て、条件整備などをやっていく必要があると考えています。そういうことから今、改訂に取り組んでいますが、いわゆる詰め込み教育を推し進めるということはないと思っています。

奥地　お忙しいところ、ありがとうございました。

（二〇〇七年三月一日　文部科学省にて）

パート
4
フリースクールからの主張

奥地圭子

一．いじめられた子どもたちの声を聞く

大人は子どもの声を聞くにはどうしたらいいのかを考える必要があります。とりわけ、いじめられていること、いじめたことは、ただ問い詰めても言ってくれるものではありません。いわんや、つらいいじめを受けているからといって、親に話したり教師に話したりは、まずしないものです。よく「あの子とは気楽にしゃべるから」とか「何でも言ってくれるから」と親や教師が思い込んでいる陰で「親に言えない」「先生に言えない」と悩んでいる子どもに私たちは出会います。

親に言えないのは、親子の関係が悪いから言いたくないということではありません。そのような例もありますが、むしろ子どもは親に心配をかけたくないのです。また、いじめられている自分はダメな子で、みじめで、そんな自分でしかないのを告知するのは、親に対してとても申し訳ないと思っています。それから、

もし親に話した場合、親が先生に話し、先生がいじめた子を呼びつけて叱り、よりいじめがひどくなるだろう、ということも子どもにとって容易に想像できます。また、親によってはいきりたって、いじめっ子の名前を聞き出し、相手の家に乗り込んで抗議する、怒鳴りつけるなどがあると、子どもはその後がより怖く不安になります。親に話したら最後、大騒ぎになるだろうと予想される場合には言えません。それがまた、迷惑をかけることになるのだろうと子どもは思っています。

親に言わない理由は、まだあります。私もすでに二八年前に経験をしました。ある時、テレビで中学校のいじめ報道がされていました。「学校であんなことがあるなんて知らなかった。ひどいね」と長男に言ったら「そうだよ。小学校だってあるよ。ぼくは経験済みだ」と言ったのです。私は、それこそ驚いて「え、なぜ言わなかったの」と聞きました。

すると「だって、話したって、母さんの言うことは想像がつくよ。いじめがあっても、くじけないでがんばってね、だろ。それから、いじめられる方にも気をつけないといけないことがあるんじゃないかな、と言うかもしれない。そんな説教なんて、聞きたくもないから言わなかった」

その頃の私は本当に「正しく」「教育的に」子どもを育てるのが、母親の務めと思っていました。私はその後、子どもの登校拒否によって、自分の価値観や子どもとの関係を問い直し、また、親の会やフリースクールで数々のことを学び、子どもをありのままに受けとめ、子どもの立場に立って考える大切さを学んできます。そうであってこそ、子どもも安心して話せるわけですが、当時の価値観では、言う気にならなかったのはとてもわかります。

また、学校でいじめが続いて、つらくてもあまり先生に言わないのはなぜでしょうか。先述したように、先生がいじめを知ったとき、稚拙な対応しかなく、いじめっ子を呼び出して叱りつけ、もっとひどいいじめを受けることになるか「気のせいでしょ」と本気にされないとか「あなたにも悪いところがあるからで、直しなさい」と言われるか、いずれにしろ、相談してももっとつらい結果になることを子どもは感じているからです。いや、体験者の話を読んでいただくとわかる通り、かなりの子は、まず先生に知らせていますが、裏切られ、先生はあてにならないと骨身に染みて感じていくのです。

いじめの声を聞くとは、この子にどこか問題があるだろうとか、この子を指導してやろうとか、そんなえらそうな姿勢ではなく、「聞く、よく聞く」それのみです。聞く、聞かせてもらうということは、誰も信じられない、つらい経験をした子が、一人の人間として安心し信頼し、この人なら話しても大丈夫だろうと思うから話してくれるわけです。その心を裏切るようなことがあれば、もっとひどい傷になることを理解しておく必要があると思います。「聞く」ということは、聞き手の自分を試されていることでもあるのです。

虚心坦懐《きょしんたんかい》〈心に何のわだかまりがなくて、さっぱりして平らな心〈広辞苑より〉〉に聞いていると、私たちは、いかにふだん外側から表面的にしか子どもという存在をとらえていないか、ということがよくわかります。たとえば「いじめられる子は弱い」というイメージがあります。だからこそ「もっと強い子になってほしい」と親や先生が言ったり、子ども本人も「もっと強い子にならなければ」と鍛錬やガマンに向かったりしています。でも、話を聞いていると、どの子の話も、弱いなんて全く思えません。こんなにつらい日々の、こんなに八方塞《ふさ》がりのなかを、よくぞ生き抜いてきたな、ここまでどうにか歩いてきたな、と思い感動します。私はいじめを受けてもなお、その「生」をこんなにまだ小さな年齢で引き受けてきた子どもたちは、なにか生命の秘める強さのようなものを感じ、「すごい」と思ってしまいます。そして、このけなげな若い生命がその後を不幸に生きることは、あってはならないことだと思うのです。

二．だからいじめ自殺はとめられない

いじめ・いじめ自殺問題でもっとも重要なこと、取り返しのつかなくなることは、生命が失われることです。

いじめが原因で被害者が自殺していることを聞くと、すぐ、いじめをどうにかしてなくさなければと考えられてしまいます。いじめの撲滅がテーマになり、自殺者が出るたびに、かまびすしく議論され、行政や学校はいじめのない学校をスローガンに掲げてきました。でも私は、だからいじめ自殺は止められないのだ、と言いたいのです。歴史的事実も、それを裏書きしているのですから。

いじめ自殺が大きく社会問題になったのは、今回で三回目です。

一回目は、一九八六年、東京都中野区の中野富士見中の生徒だった鹿川くんが、

教師まで加わっての「葬式ごっこ」など一連のいじめにより、盛岡の駅ビルで自殺した事件の時でした。ちょうど東京シューレを開設した次の年で、当時やってくる子の四割以上がいじめによって登校拒否となっており、子どもも私たちも非常に関心を持ちました。日本弁護士連合会がこの事件の問題を考える会を開催、それに何回かみんなで参加しました。

いじめのひどさ、子どもが守られるシステムがない、教師は何をしている、というような話以外にも、とりわけ東京シューレの子どもたちや私たちが訴えたのは、「いじめがあっても、学校へ行き続けなくてはならない状況が、子どもを死まで追い詰める。いじめがあれば、学校を休んでよいし、学校へ行かないことが身を守る」ということでした。このことは、このような集まり以外にも、マスコミの取材でも強調して訴えたことです。

子どもたちは、いじめられるために学校へ行くわけではないと思います。いじめは、おそらくゼロになることはありません。詳しい理由は後で述べたいと思いますが、いったん始まると、長く一定の子どもたちに向けて続くというのが今のいじめなのです。それならば、いじめから身を離すこと。つまり、いじめを受ける学校現場から逃げることが重要なのです。それも数日だけではなく、本当に安全になるということが必要なのだと思います。だから登校拒否は、非常に積極的な意味を持っているのです。

しかし、私たちのそのような考え方は、学校中心の考え方が強い日本社会では、まともに報道されることは少なく、また、文部省や教育委員会が取り入れることはありませんでした。弁護士さんたちは「登校拒否も子どもの権利」と言ってくださいましたが、世間ではいじめを撃退するマニュアル本が出版されるなど、表面的な対応と大人の気を済ませるような行動を羅列した本が流行《はや》りました。

マスコミの熱が引いても、私たちは、いじめ自殺の事実がその後も続いていることを知っていました。M市では、いじめがあって休みがちな中学生男子を、親が校門まで送っていました。ある日、学校まで行く道の途中で、「もう後は一人で行けるからいいよ」と母親を帰宅させ、その後夜になっても自宅に戻らないので、探しに行くと、学校の裏山の、校舎の見える場所にある木の枝で、首を吊って死んでいるのが見つかった、ということもありました。またK区では、東京シューレに来たいじめを経験したAさんと同じクラスの子どもが、早朝、駅で線路にうずくまり、一番列車にひかれ自殺しました。調べると、その子は、Ａさんをいじめていた同じ子からいじめを受け、自殺したのでした。

このような例は、毎年聞かれることです。しかし、マスコミには大きく取りあげられないので、いじめはないかのように思われてしまいます。

そして、私たちが主張している「学校を休もう、学校以外の生きる場を考えよう」という提案は、いじめ自殺対策に取り上げられることはありません。この国の大人たちは、どんなことがあっても学校へ行かせないとダメだ、と思っているのです。また、追い詰められ、登校拒否・不登校をした子どもに対して、学校復帰が前提という施策が続いています。一九九二年に文部省は「誰にでも起こりうる登校拒否」と認識転換し、民間施設へのガイドラインを出し、フリースクールでの出席日数を学校の出席とすることも認め、少しソフト化してきたといっても、学校復帰という基本は変わらなかったのです。

一九九四年一一月末、愛知県の大河内清輝くんがいじめにより自殺しました。パシリ（使い走り）、恐喝、金品の巻き上げ、水の中に顔面を突っ込まれるなど、ひどいいじめが続き、ついに自殺に至りました。この自殺に関しての報道が続くなか、その時、清輝くんの母親がテレビでこう発言されたのをよく覚えています。

「こんなことなら登校拒否をさせておけばよかった」

本当にそうなのです。もし、大騒ぎになった一九八六年ごろ、いじめなどで学校がつらいと感じる子は、学校を休むとか転校するとかフリースクールもあるなど、子ども自身が知っていたら、生命を捨てることなく済んだかもしれないのです。ちょうど清輝くんの自殺の一年後、新潟県の伊藤準くんが、やはりいじめ自殺をしましたが、共通して言い得ることではないでしょうか。

でも、そのようなことはなされず、やはりいじめや、いじめと思われるかもしれない自殺が毎年続きます。特に九月の初め、登校が始まった季節に多くありました。そして、今回、二〇〇六年秋のいじめ・いじめ自殺が大きく取り上げられることになりました。

しかし今回もまた、いじめをどう解決するかとか、学校はいじめを隠してけしからんなどの議論はあっても「学校を休んでよい」「学校以外の機関の活用を認める」とはなりませんでした。何人もの子どもが亡くなっていったので、さすがに新聞・テレビによっては「逃げてもいい」と報道するところも少しはあり、前の二回の出来事とは少しだけ違っていたと言えるかもしれません。しかし、しっかりいじめ自殺を防ぐ、あるいは、いじめを長期に受け続けないための、学校の絶対化がゆるめられたわけではありませんでした。むしろ、登校圧力は増していったのです。これでは、また再び、一件二件だけではなく、必ずいじめ・いじめ自殺は引き起こされることでしょう。

動物でさえ、危険な目にあったところには用心深くなり、近づきません。そんな身を守る本能的なものさえ奪われ、どんなことがあっても学校へ行くしかないとインプットされる教育はおかしくはないでしょうか。「生きる力」を教えていることになるのでしょうか。

三．いじめを生む背景

しかし、いじめから逃げているだけでは、いじめ自殺は解消されません。また、自殺にまで至らなくても、いじめはあらゆる意味で精神、肉体、人格の尊厳を傷つけ、破壊します。つらく苦しく、恐怖感や不信感でいっぱいになります。人とつながる気持ちを失うばかりではなく、いじめられることによって自分がダメだからいじめられるのだと思わされ、劣等感を大きくし、自信を持てなくなってしまいます。子どもたちの聞き書き、若者たちの手記を読んでいただくと、どれほどまでにいじめの影響があるのか、わかってもらえると思います。

では、いじめはなぜ生まれるのでしょうか。

実は、いじめている子どもも、被害者なのではないかと思います。

子どもたちのいじめを考えるとき、私はいつも思い出す情景があります。昔、私が子どもだった頃、鶏を放し飼いしていました。庭の掃除をするときは、鶏を一か所に集めて、竹で編んだ大きな竹かごをかぶせていました。鶏たちは、かごのなかで、コッコ、コッコと騒ぎます。まもないうちに、多くの鶏が一羽の鶏を突っつき始めます。お互いに突っつくのではなく、ある鶏に向かうのです。おどろいて、竹篭をはずしてやると、庭のあちこちに散らばり、平和に、それぞれの地面の上を突っついていました。

また、熱帯魚にくわしく魚を飼っている東京シューレの男の子は、水槽も小さくすると共食いすると話していました。

生き物は本来、閉塞感に対して決して平気というわけではないのです。閉塞感、圧迫感のなかで生まれてくるストレスを、誰かを攻撃する形で発散せざるをえなくなるのではないでしょうか。

学校の寮のなかで起こったいじめも何例かありました。名の知れた、よい評判の学校でも、寮という閉鎖空間ではいじめが起こっていました。

歴史的に考えても、日本中にいじめが広がった一九七〇年代は、六〇年代の高度経済成長と高学歴社会化の波を受け、受験競争と効率よく学校生活を進めるための管理教育が進んだ時代です。それらの教育は学校をストレス化し、人と少し違う何かを標的に、いじめの形でストレスを発散していたと感じられます。いきすぎたテスト競争や管理教育の見直しのため、文部省は八〇年代後半、業者テストの廃止、校則の見直し、ゆとり教育の導入などの政策を打ち出しました。しかし、週五日制も定着したかに見えた二〇〇〇年代に入って、ゆり戻しの施策が次々出されていきました。国際学力テストで、日本は「先進国」のなかで低い点数であったことが大きい理由とされていますが、宿題・補習授業の復活、学校別の学力テスト公表、五日制の見直しなどが加速して「教育再生会議」では、一割の授業時間数増まで提案されています。こういった学力向上へ子どもを叱咤激励する方向は、子どもたちのストレス度を高めています。

この時代に限ったことではありませんが、教師の余裕のなさ、教師にかかる圧力も、子どものいじめの増加に投影すると思います。一人ひとりの違いを尊重しようと思っていても、ここで結果を出さなければ、という責任や期待がのしかかっていると、つい「普通」にできない子、手のかかる子、従順ではなく反抗的な子に、叱責、懲戒、揶揄《やゆ》など、否定的な態度、言葉をとっていくようになります。クラスの子たちは敏感です。教師が否定的なまなざしを向け、いやみや差別、ダメな子どもは懲らしめるなどのやり方をとっていれば、対象の子は、「そういうことをしてもいい子」とお墨付きをもらったようなものです。それらの関係もいじめ構造をつくるのです。

フリースクールには、ほとんどいじめがありません。つらい経験をしてきた子どもたちが多いので、いじめがあっても不思議はないのですが、実際には少ないのです。フリースクールといってもいろいろですが、まず通わなければならない場所ではなく、通い方、過ごし方が自由で、子どもの意見や気持ちが尊重され、やりたいことが応援されるようなところは、ストレス度はかなり低いのです。そして、雰囲気はあたたかく受容的で、存在を否定したり、傷つけられたりするのではなく、自己肯定感や自信を持ち、スタッフと子どもが上下関係ではなく、人間同士横並びの関係での日常があって、話しやすいと子どもたちは話しています。

このような場では、いじめが少ないと思います。

つまり、いじめが死を考えるほどに大きく深い問題として、学校現場、学校の人間関係のなかで起き続けているのは、背景に学校の在り方・教育の在り方が大きく横たわっているのです。子どもが他者をいじめたくなるような、いじめないではいられないような環境と文化を問題にしない限り、何もならないと思います。一九七〇年代以降、学校は子どもにとって絶対的な存在となり、自己を抑えて、競争に耐えたり、集団に合わせたりなどストレスフルな場になりますが、その学校でうまく上昇志向で取り組んでほしいという期待が家庭にあり、社会もまた個人の価値そのものより、学校とうまくつき合う人に評価が高い現実があります。学校化した社会は、ただでさえ、いじめを発生させやすいと言えるのです。そのうえ、ここ数年、個々の子どもを尊重し、違いを認めあうのではなく、ゆとり教育より競争教育で成果を上げようとしています。ついて来れない者、ダメな者に対して、取り締まっていく政策が進んできていること、不登校減少作戦に象徴されるように、学校を休みづらくなり、休む必要に迫られていても学校復帰が求められることにより、苦しさから離脱できないことが、昨年のいじめ・いじめ自殺の急増につながったと考えられます。

また、いじめに走ってしまう子どもの背景に、格差社会の広がりがからんでいると思われます。経済状況の変化や精神的ゆとりのない家庭が増え、子どもが求めるぬくもりや安心感が得られない場合や、疎外感をかかえる場合に、他者をいじめることによって、心のバランスを取ってしまいます。

いじめ問題、いじめ自殺問題を引き起こしている黒幕は何なのか、教育政策や社会構造にも目を向ける必要があるのです。そして、このことこそ、国や都道府県・市町村行政が取り組んでほしいところです。個人では手が届かない部分なのですから。

四．いじめた側からの証言

子どもにとって、いじめた側として話をするのは、いじめられた話をするより、より話しにくく、つらいことです。しかし、そのことを話すことが大事だと考えている子が体験を聞かせてくれましたので、紹介します。

〈私は、いっしょになっていじめていた〉

佐藤美樹

私は〝いじめてしまった側〟です。その話をしたいと思います。

私は、低学年の時から不登校でした。

やっと高学年の頃から学校へ行けるようになりました。不登校をしていたといっても、その頃は、学校へ行かないのは悪いと思っていたので、行こう、行こうとしていました。親にも心配をかけたくないという気持ちもありました。父親からも「行け、なんで学校に行けないのか」と言われていました。

ですから、やっと行けるようになった頃には、また父に「行け」と言われるのもイヤだし、学校に行き続けるのに必死でした。

言葉やファッションなど、みんなの真似をして同じようにすることに必死でした。同じことをしていないと、一人になってしまうと感じたのです。完全に不登校になる前の、行ったり行かなかったりしていた頃「ズル休み」「ズルイことしている」と言われ、そう思ったのです。みんなと違うことをしたら嫌われる、もう嫌われたくない、という思いでいっぱいでした。

再登校するようになった五、六年生のクラスには、いじめられている男の子がいました。さわったら汚い、と言って、その子が使った物、触れた物にさわると菌がつく、そういういやがらせをされていました。その子の菌がつくと菌をとる真似をします。ほかの物や壁などにくっつける仕草をするのです。延々と菌飛ばしは続きました。

特に先生のいないところや休み時間は、大っぴらにやられていたし、私もやっていました。何の罪悪感も感じず、いじめられている子の気持ちも考えず、そうしていました。さっき言ったように、みんなと同じことをやっていないと浮いてしまうんじゃないか、という恐怖感のほうでいっぱいでしたから。みんなといっしょでないと、今度は自分がいじめられるんじゃないか、そんな気持ちがありました。

そのいじめられていた男の子は、給食の食べ方がちょっと変わっていました。口の中に入れたと思うと、なぜか噛まないで飲み込んでしまうのです。また、おかわりをするのに、それを食べきれないで残してしまうのです。

それに勉強もできなくて、みんながトロイ、トロイと言っていました。

その子に対して「○○くんの菌がついた」とやり出したのは、女の子たちです。やり始めた子は、はじめのうち、からかい気分でおもしろがっていて、いじめという感じではありませんでした。ところが、同調しておもしろがる子が増えて、クラス中のいじめになったと思います。先生は知っていたと思います。でも、見逃していたんじゃないでしょうか。長く続いていましたから。でも、知らなかったかもしれない。だとしたら、知ってほしいです。

私自身も、自分がいじめていたとは思っていなかったんですが、ある時、中学で不登校になった頃、お母さんと学校のことを思い出していっぱい話したことがありました。私は、この小学校五、六年では、必死で登校し、卒業しましたが、中学は入学して一か月は登校したものの行けなくなって家にいました。

お母さんは、よく話を聞いてくれるようになっていたので、本当によく話しました。その時「菌飛ばし、いじめじゃなかったかな」と気がついたんです。兄が小学校でいじめを受け不登校になっていたからでした。その話をちゃんと初めて聞き、自分がいじめ側にいたのだと感じました。その時、とてもつらい思いになりました。自分がイヤになりました。罪悪感でいっぱいになりました。そしてほかの子たちは、いじめていたことを気がついているのだろうか、と思いました。また、その子は、なんとつらかったろうと思いました。

いじめに中心的に関わっていなくても、加わってしまったことで、私のなかに傷が残りました。その子は、もっともっと傷ついたと思います。

私はその後、高校に入学しますが、先生の言葉に何度か傷つき、それがきっかけで不登校をしていました。すっかり自信をなくし、こんな自分はダメなんじゃないかと思っていました。ある時、兄が東京シューレが開く「土曜サロン」に行ってみたいというので私もついていき、こんなあたたかい雰囲気のところには来てみたい、ということがきっかけとなり、東京シューレに入会しました。

　入ってからの私は、自分でも信じられないくらい明るくなりました。自分を出せるようになり、また、人と合わせなくても、それぞれ違っていいんだ、その子らしくやっていけばいいんだと自然に思えるようになりました。みんなと合わせないと浮いてしまうのではないかという恐怖感は、今思うとなんだったのでしょうか。フリースクールでは、どういう自分であっても受け入れられる安心感があります。

　二〇周年祭では、実行委員を自分から望んでやり、思いがけないことに、私が作曲したオリジナルソングを全員合唱で歌ってもらえました。人の前でも、積極的に話せるようになり、楽しい日々を送っています。

　最近のいじめ報道や、自殺した子の話で、私は再び、自分がいじめてしまったことを思い出しました。その頃の自分がイヤだし、今もそのことを考えると罪悪感でいっぱいになり、つらい気持ちをかかえています。私はなぜ、その子のことが考えられなかったのだろうと自分を責めています。話してきたように、私は私で、みんなといっしょにしていなければ浮いてしまうという恐怖感でいっぱいで、その子の気持ちを考える余裕はなかったのですが、でも、申し訳なかったなあと思います。自分の傷がまだ癒えていません。

教育再生会議ではいじめた子を出席停止にすると、答申を出しています。クラス全員が出席停止になるんでしょうか。そんなことをできるのでしょうか。それでいじめられた子は、自分がいるからこんなことになると思い、う学校に行けなくなったり、街を歩けなくなったりするのではないでしょうか。

そのやり方は違うように思います。

学校はみんなといっしょでないと過ごしていけないような雰囲気があります。私もそれで苦しんだけれど、いじめられていた子も、みんなと違ってい て、みんながいじめたと思います。そういうところを変えてほしいと思います。それぞれ違っていていいんだ、という雰囲気になってほしいです。

いじめる側に立った場合の苦しみがよくわかります。自覚なくいじめてしまう子どもは多いのではないかと思います。そして自覚したときはこのように傷ついてしまう子どももいます。いじめる側の気持ちもまた、よく知られる必要があるのだと思います。

五．いじめ対策はこれでいいのか

それにしても、国の教育再生会議が出した方針には、がっかりさせられました。子どもが次々死んでいくなかで、年齢を超えてみんなが心配し、テレビに釘づけになったりしました。安倍首相のお声掛かりで誕生した「教育再生会議」に期待が集まったのも当然でしょう。しかも、この会議の費用は、税金で賄われているのです。国としての権限は強く、影響も大きいのです。子どもたちが救われなければ何もなりません。注目の的となったその再生会議が、一一月二九日「いじめ問題への緊急提言――教育関係者、国民に向けて――」を出しました。「社会総がかり」で早急に、美しい国づくりのためとして、八項目の提案が成されました。「いじめは絶対許されない」「見て見ぬふりをする者も加害者」「毅然とした対応をとる（指導・懲戒）」「いじめられている子には守ってくれる人が必ずいると指導徹底」「いじめを放置・助長した教員に懲戒処分」「家庭の責任も重大、いじめはいけない、いじめに負けない、というメッセージを伝える」「学校、教育委員会、政府一丸となって取り組む」などです。総じて「きびしく取り締まる」という発想です。いじめは許さんといって厳罰に処せば、いじめは起こらないようになるなんて、あまりにいじめについて知らないのではないかと感じてしまいました。表面に出てこなくなるだけで、水面下で溜まっていくものの行方が心配です。

また、よく言われるように「いじめ」と「いじめられ」は入れ替わります。どうやって線を引くというのでしょうか。いじめていた子が、いじめていたが故にいじめられる。いじめられていた子が、その苦痛や恨みからある時からいじめっ子になる、同じ子がそんなふうに入れ替わるのに、教育再生会議のいうような指導や懲戒が適正にできるのでしょうか。いや、指導や懲戒が、苦しんでいたり、さびしかったり、疎外感がある子どもへの「いじめ」につながらないでしょうか。

いじめる子どもたちは、その時の理由に「お前は○○だから」と理由づけていじめます。問題の子だから罰する、懲らしめるというやり方そのものが、子どもに学ばれていじめが起きているのではないかと思います。

いじめを放置・助長した教員に懲戒処分を適用するやり方も、学校現場をギスギスしたものにするでしょう。いつもいじめはないか目を光らせ、子どもたちに疑心暗鬼でいることになるでしょう。子どもだって、そんな雰囲気の教員を信頼しにくいのです。学校に必要なのは教師と生徒が信頼し合えることなのに、この提言では逆になっていくのではないでしょうか。

これでは全国に号令を出したところで、子どもの状況はよくなりません。私は残念でなりません。

年が明けて一月一九日、教育再生会議の第一次報告案が「七つの提言」の形で出されました。ゆとり教育の見直し、授業一〇パーセント増、教科書を厚くし、土曜スクールの実施、全国学力調査の実施、学校選択制と結びつけての成績競争、つまり、かつて来た道に舵をきり直すといってもいいかもしれません。さらにいじめる子への出席停止制度、教育委員会への国の管理強化、体罰の肯定など、取り締まりを強める方向でした。

「いじめた子を出席停止にしたって、何もならないよ。いじめられている方を出席停止にして守る方がいいよ。逆だよ」と現在フリースクールに通う、いじめを経験した子どもたちがニュースを見て語っていました。「いじめを理由とする転校の周知」は提言にあっても、学校を休む権利、学校ではない育ちについては、いっさい触れられていませんでした。

このような方向性が現実に子どもを救うことはないのではないか、ということを証明するように、二〇〇七年二月一日、千葉県松戸市でマンションの八階から、中学二年男子が飛び降り自殺をしました。彼は、いじめの加害側の八人の生徒の一人でした。学校側は、八人を個別に呼んで注意したといいます。八人は、けがをした生徒に謝罪しました。死亡した生徒のそばに落ちていた大学ノートに「ごめん」と、その同級生への謝罪の言葉、自殺をほのめかす言葉があったそうです。しかし、自殺した生徒は、いじめに加わる前は、いじめられていた生徒で、一度だけいじめに加わった時が、けがをさせた事件だったとのことです。教師は、どんなふうにいじめた子どもたちに注意したのでしょうか。教育再生会議の方向は、この生徒のような事態を引き起こす可能性が大きいと考えられます。

文科省は、何もしなかったのではなく、いじめ問題にも熱心に取り組んできています。一九九四年には「児童生徒の問題行動等に関する調査研究協力者会議」

で検討してきたし、大河内清輝くんのいじめ自殺をきっかけに盛り上がったいじめ問題に対して、一九九六年七月「いじめの問題に関する総合的な取り組みについて」の報告をまとめています。そして、保護者や一般社会も読みやすいパンフレットを大量に配布しました。そのなかには「緊急避難としての欠席」など、評価できる提言も入っていますが、私がもっとも驚いたのは、この冊子の表紙でした。芯を削って針のように先をとがらせた四本の鉛筆の写真イラストが大きく使ってあったことです。とがった鉛筆で後ろからつむじや背中、手の甲などを突っつかれていじめられた子は多いのです。このイラストを見るとぞっとする子もかなりいると思います。とがった鉛筆は、冊子の中にも使用してあり、一〇ページに二二本も登場します。いかに子どもの現実にピンときていないかを示すものです。どんなに立派なことを書いても、つらい子どもの気持ちに立てないのでは、解決能力があるとは思えません。

今回のいじめ問題でも行政は子どもの現実にピンと来ていないと感じました。いじめ自殺が重なり、文部科学大臣伊吹文明の名で、子どもに宛てて「お願い」が出されました。いじめている子には「ひきょうなこと、後でばかだったと思うより、今すぐやめよう」と観念の上でのお説教、いじめられている子には「一人で苦しまず話す勇気を持とう」とお説教、「きっとみんなが助けてくれる」が結び文になっています。

でも、子どもたちは言います。「助けてくれる人がいないから、死にたくなるんだよ」「話す勇気が持てれば苦労しないよ」「こんなので、いじめがなくなるわけがないよ」。

やはり、いじめたり、いじめられたりする子どもの立場に立っている文章ではありません。立っている地平が違うのです。

子どもとずれる教育政策、いじめ対策。

ずれないで、意味ある取り組みにするにはどうしたらいいのでしょうか。

それには、子どもの声を聞く。ああさせよう、こうさせようではなく、しっかり聞く。いじめる側の子どもの声も、いじめられる側の声も、しっかり聞くなかに大人がやれることが見えてくる。まずは聞いてほしいと、子どもは思っているのです。そこが出発であり、いじめ、いじめ自殺問題で、絶対に欠かすことのできない立脚点です。

六. おわりに

では、どのような取り組み、対応、施策が必要なのかと、読者のみなさんはおっしゃるかもしれません。または「すでにやっている」とお考えかもしれません。それら具体的な対策の中味は、ここに収録した子ども、若者の声のなかに、深いヒントや示唆があるということを今一度、注意を喚起したいと思います。つまり、親・教師を含め、子どもの周りにいる一人ひとりの大人、子ども支援や子ども施策に関わる人々など、社会の全ての大人が子どもに目を向け、つらい子どもの声をよく聞き、そこから真剣に考えることを自らすることが必要なのです。どんな取り組みをしようとも、肝心の魂が入らない今の現実は、子どもを苦しめるだけだと私たちは思います。

またこの本は、フリースクールからの発信です。

いじめを受けて不登校となり、フリースクールにたどり着いた子どもたちは、全国各地で甦っています。不登校だけでも罪悪感やひけめを持ちやすい日本社会のなかで、いじめを受けて不登校することは、いじめられた経験そのものが自己存在を否定されますから、二重の自己否定構造になっています。人が信じられず自分にも自信がなく、様々な身体的、精神的症状も出てきたり、生きていたくない気持ちに襲われ、相当困難な苦しい状況にある子どもたちがいます。私たちはその子どもたちを受け入れ、安心、自信を取り戻し、元気になっていくという貴重な仕事をしています。そして、それぞれの自立への支援にも関わります。

これだけ苦しんできた子どもたちがどのように育ち、どうやっていじめという言いにくい話を自ら語るところまできたのか、本書でわかっていただけたのではないかと思います。また、フリースクールの存在価値や活動の在り方も広く社会に知っていただき、いじめ問題を考える際に、多様な教育の在り方こそ大事であることも考えていただけると幸いです。

本書の出版にあたり、協力していただいた子どもと若者のみなさん、またご多忙にもかかわらずご執筆いただいた江川紹子さん、インタビューにご協力いただいた文部科学省初等中等教育局長の銭谷眞美さんに、心よりお礼を申し上げます。

おくち けいこ
1941年東京生まれの広島育ち。
横浜国立大学卒業後22年間公立小学校教師。
1985年に退職し「東京シューレ」を開設。
NPO法人東京シューレ理事長。
登校拒否を考える全国ネットワーク代表、
NPO法人全国不登校新聞社代表理事、
NPO法人フリースクール全国ネットワーク代表理事。
2007年から東京シューレ葛飾中学校を開校、
学校法人東京シューレ学園理事長。
主な著書に
『登校拒否は病気じゃない』（教育史料出版会）、
『不登校という生き方―教育の多様化と子どもの権利』（NHKブックス）
『東京シューレ子どもとつくる20年の物語』（小社刊）。
ほか多数。

子どもに聞くいじめ
フリースクールからの発信

編著者　**奥地圭子**

発行日　2007年7月25日　初版発行

発行者　小野利和
発行所　東京シューレ出版
〒162-0065 東京都新宿区住吉町8-5
Tel/Fax　03-5360-3770
Email info@mediashure.com
HP http://mediashure.com/

印刷・製本　株式会社光陽メディア

定価はカバーに表示してあります
ISBN 978-4-903192-07-9 C0036